정보보안관제사 실전·기출 문제집

국내 최초 NCS 적용 민간자격 도서
정보보안관제사 실전·기출 문제집

2018년 2월 05일 초판 1쇄 인쇄
2018년 2월 14일 초판 1쇄 발행

지 은 이 : 공병철 외 4인
감　 　수 : (사)한국인터넷정보학회, 정보보호연구회
펴 낸 이 : 최정식
진　 　행 : 인포더북스 출판기획팀

펴 낸 곳 : 인포더북스(books@infothe.com)
홈페이지 : www.infothebooks.com
주　 　소 : (121-708) 서울시 마포구 마포대로 25(마포동, 신한디엠빌딩 13F)
전　 　화 : (02) 719-6931
팩　 　스 : (02) 715-8245
등　 　록 : 제10-1691호

표지 · 내지 디자인 : 나은경 · 임준성

Copyright ⓒ 공병철, 여동균, 오원철, 이원연, 김형구 2018.
Printed in Seoul, Korea.

본 도서는 저작권법에 의해 보호를 받는 저작물이므로 내용을 무단으로 복사, 복제, 전재 및 발췌하는 행위는
저작권법에 저촉되며, 민형사상의 처벌을 받게 됩니다.

정가 20,000원

ISBN 978-89-94567-83-9 (93000)

국내 최초 NCS 적용 민간자격 도서
정보보안관제사 실전·기출 문제집

공병철 외 4인 지음
한국정보보호심사원협회, 정보보호연구회 감수

1·2·3급 필기/실기

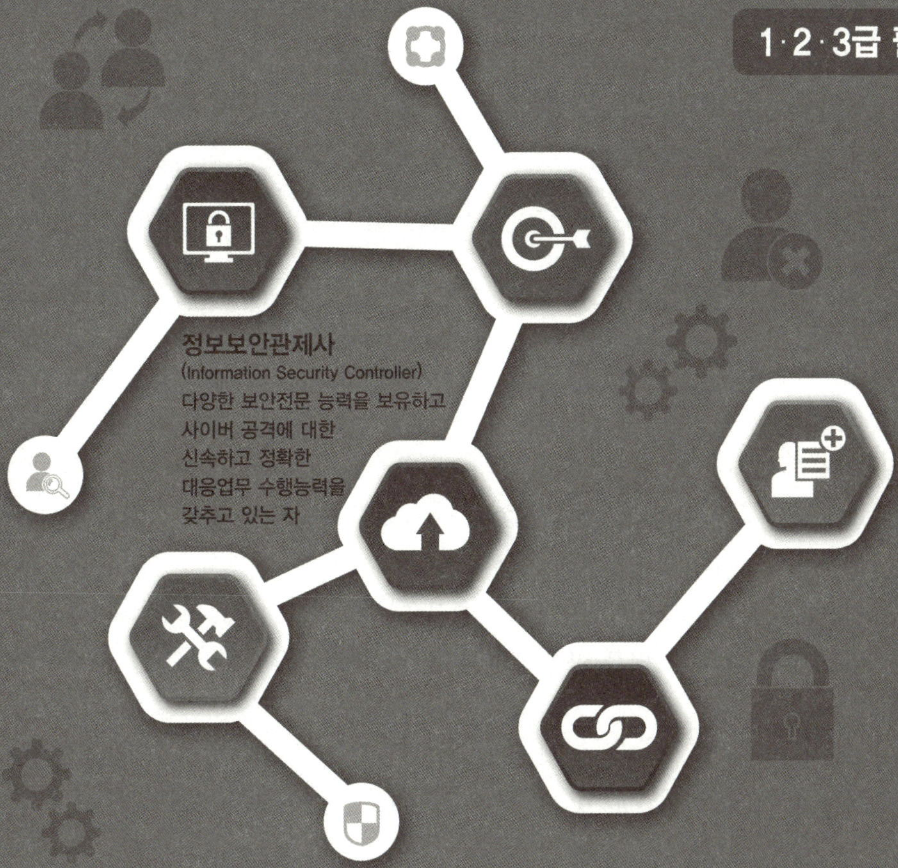

정보보안관제사
(Information Security Controller)
다양한 보안전문 능력을 보유하고
사이버 공격에 대한
신속하고 정확한
대응업무 수행능력을
갖추고 있는 자

NCS(국가직무능력표준) 기반 직무수행능력평가 교재
정보보호(침해사고 분석 6수준, 보안로그 분석 5수준, 보안이벤트 대응 4수준) 적용도서

주최 : 한국사이버감시단   시행 : S·LINK 주식회사에스링크   출간 : 인포더북스 보안뉴스

발간사

최근 국가 기반시설에 대한 사이버 위협의 증가와 '지능형 지속가능 위협(APT)' 관련 해킹사고가 잇따르고 있으며, 다양한 해킹 메일과 랜섬웨어 유포 등 지능화된 사이버 공격이 확산됨에 따라 실시간 정보 보안관제의 중요성과 필요성이 날로 증대되고 있습니다.

정부는 국가사이버안전관리규정 제10조의 2에 따른 국가·공공기관 보안관제센터 운영을 지원할 보안관제 전문업체를 2011년부터 지정하고 있습니다.

'정보보안관제'란 정보시스템에 가해지는 보안 위협을 24시간 365일 실시간으로 모니터링하여 악의적인 스캔공격, 해킹 등 다양한 침해 공격을 탐지하고 다양한 정보보호 솔루션과 정보시스템에서 생성되는 로그를 분석하여 사이버 위협에 대응하는 것을 말하며, 이러한 업무를 수행하는 이가 '침해대응전문가'이며 '정보보안관제사'입니다.

'정보보안관제사(Information Security Controller)'는 정보 시스템의 서버(시스템), 네트워크 장비 및 정보보안 장비에 대한 전문지식과 운용기술을 갖추고 실시간 정보보안관제 기술과 능력, 보안정책 수립과 보안대책 구현, 취약점 진단 및 침해사고 분석 기술, 정보보호관련 법규 준수 여부 등 다양한 보안전문 능력을 보유하고 사이버 공격에 대한 신속하고 정확한 대응업무 수행능력을 갖추고 있는 자를 말합니다.

정보보안관제사 자격증은 한국직업능력개발원으로부터 지난 2016년 7일 7일 민간자격 등록증(제 2016-003176 호)을 취득하였으며, 주무부처는 과학기술정보통신부(등록번호 : 2016-003176)로 등록자격관리자는 주식회사 에스링크입니다.

정보보안관제사 자격증은 1, 2, 3급과 필기시험과 실기시험으로 나누어지며, 응시자격은 1급은 4년제 대학 졸업, 2급은 전문대학 졸업, 3급은 제한이 없으며, 시험과목은 1급의 경우 △

이론 시험은 보안관제 일반, 보안관제 기술, 보안관제 운용, 취약점 진단 기술, 침해사고 분석 기술 등 5과목을 평가하고 △실무시험으로 주관식 필답형, 기술실무를 평가한다. 2급은 이론 시험의 4과목과 실무시험을 평가하고, 3급은 이론시험 3과목만을 평가한다. 시험시간은 150분이며 합격기준은 100점 만점기준 60점 이상 득점하여야 합니다.

특히, 정보보안관제사 2급 자격증 취득자는 '국가사이버안전관리규정에 따라 지정된 14개 보안관제 전문업체' 등 보안관제 관련 업종에 취업시 유리하며, 공공기관과 기업의 정보보안 관련 실무담당자로 취업이 가능합니다.

사단법인 한국사이버감시단(대표이사 공병철, KCGA)은 사이버상에서 이루어지는 피해사례에 대한 조정 및 해결을 통해 소비자 권익보호 및 올바르고 건전한 정보통신 문화를 만들어가며, 나아가 사이버상의 건전한 정보교류를 활성화하여 정보화 역기능 방지와 국가의 정보화 경쟁력 향상에 기여함을 목적으로 합니다.

제4차 산업혁명의 핵심인 지능정보기술(인공지능(AI), 사물인터넷(IoT), 클라우드, 빅데이터 등)로 다양한 산업에서 융합과 통합이 일어나고 있습니다. 미래의 IoT 초연결 사회를 대비하는 차세대 글로벌 융합형 정보보안 인재를 양성하기 위한 '정보보안관제사'는 정보보안관제 분야 국내 최초로 시행되는 민간자격증으로 정부의 '생애주기형 시큐리티 인력양성(잠재인력 발굴 → 예비인력 육성 → 경력단절 해소 → 전문인력 양성 → 전문역량 강화 → 최고인재 육성)' 전략에 따른 미래사회를 대비하기 위한 융합형 최정예 정보보안관제사 양성과 산업 맞춤형 최고 보안인재를 배출해 나가는데 기여할 것입니다.

본 단체 편찬도서의 훌륭한 원고를 주신 집필위원님들의 노고에 감사를 드리며, 아울러 본 교재의 감수기관인 한국정보보호심사원협회 임원과 정보보호연구회 위원님들께도 깊은 감사를 드립니다.

대표이사 공병철

❖ **학습 전략**

본 교재는 정보보안관제사 자격증 취득을 위한 표준 도서로써 시험 준비생에게 필요한 내용으로 작성되었으며 각 분야별 보안 최고전문가가 참여하여 최신 보안관제 기술 경향분석을 통하여 시험을 대비할 수 있도록 준비하였습니다.

정보보안관제사 자격검증 1급과 2급은 필기시험과 실기시험을 보게 되며, 3급은 이론 필기시험만 봅니다. 본 수험도서는 필기와 실기시험을 동시에 대비하기 위한 표준 도서로써, 자격증 시험 준비생을 위하여 부족한 이론을 점검하고, 자격증 시험을 취득하기 위한 핵심도서로 활용하면 많은 도움이 될 것입니다.

❖ **시험 유형 분석**

정보보안관제사는 시스템과 네트워크 장비 및 보안장비에 대한 전문 기술지식과 관제 운용 기술력을 갖추고 보안위험관리통제와 보안위험평가 여부를 판단하는 등의 업무를 수행하기 위한 능력을 검증하는 자격증으로 시스템, 응용 서버, 네트워크, 어플리케이션, 보안이론, 보안관제 기술과 운영, 관련법률, 최신 보안 동향까지 전반적인 내용에 대한 문제가 출제됩니다.

이론 필기시험은 〈1급〉의 경우 1편 보안관제 일반, 2편 보안관제 기술, 3편 보안관제 운용, 4편 취약점 진단 기술, 5편 침해사고 분석 기술 등 1편~5편까지 5과목을, 〈2급〉은 1편~4편까지 4과목과 실무시험을 평가하고, 〈3급〉은 1편~3편까지 3과목만을 평가합니다.

〈1급 및 2급〉 실무 실기시험으로 주관식 필답형으로 단답형 20문제(40점), 서술형 3문제(30점), 기술형 2문제(15점) 등 3가지 유형으로 보안관제 기술 실무를 평가합니다.

〈5주 완성〉 최종 점검을 위한 학습 방법은 다음과 같습니다.

주차	학습내용	세부내용
1주차	제 1과목 보안관제 일반 문제 풀이	보안관제 정의 및 개념, 정보보안 일반, 정보보호 관련 법규 등 기본 지식 이해하기
2주차	제 2과목 보안관제 기술 문제 풀이	보안관제 기술, 보안관제 로그 분석, 운영체제 및 서버 보안, 암호학 등 기본 지식 이해하기
3주차	제 3과목 보안관제 운용 이론 학습	보안관제 시스템 운영, 보안 및 지원 시스템 운영, 네트워크 보안 등 기본 지식 이해하기
4주차	제 4과목 취약점 진단 기술 문제 풀이	서버/네트워크 장비 모의해킹 및 취약점 진단, 웹 취약점 진단 기술 등 기본 지식 이해하기
5주차	제 5과목 침해사고 분석 기술 문제 풀이	침해사고 개요, 윈도우/유닉스/리눅스 침해사고 분석 등 기본 지식 이해하기

정보보안관제사(ISC) 자격검정 시험 개요

■ 검정기준

등급	검 정 기 준 (수행 직무)
1급	정보시스템의 서버(시스템), 네트워크 장비 및 정보보안장비에 대한 전문지식과 운용기술을 갖추고 실시간 정보보안관제 기술/능력 보유 여부, 보안정책수립과 보안대책 구현, 취약점 진단 및 침해사고 분석의 기술 보유 여부, 정보보호 관련 법규 준수 여부를 판단하는 등의 업무 수행 능력을 갖춘 최고급 수준의 능력을 가진 자
2급	정보보안관제사 1급 업무를 보조할 수 있는 기초 이론과 실무능력 등의 업무 수행 능력을 갖춘 중급 수준의 능력을 가진 자
3급	정보보안관제사 2급 업무를 보조할 수 있는 기초 이론과 실무능력 등의 업무 수행 능력을 갖춘 초급 수준의 능력을 가진 자

■ 응시자격

등급	세부 응시 자격	비고
1급	1. **기사** 등급 이상의 자격을 취득한 후 응시하려는 종목이 속하는 동일 및 유사 직무분야에서 **1년 이상 실무**에 종사한 사람 2. **기능사** 자격을 취득한 후 응시하려는 종목이 속하는 동일 및 유사 직무분야에서 **3년 이상 실무**에 종사한 사람 3. 응시하려는 종목이 속하는 동일 및 유사 직무분야의 다른 종목의 기사 등급 이상의 자격을 취득한 사람 4. **4년제 대학** 관련학과 졸업자등으로서 졸업 후 응시하려는 종목이 속하는 동일 및 유사 직무분야에서 **1년 이상** 실무에 종사한 사람 5. **3년제 전문대학** 관련학과 졸업자등으로서 졸업 후 응시하려는 종목이 속하는 동일 및 유사 직무 분야에서 **2년 이상** 실무에 종사한 사람 6. **2년제 전문대학** 관련학과 졸업자등으로서 졸업 후 응시하려는 종목이 속하는 동일 및 유사 직무 분야에서 **3년 이상** 실무에 송사한 사람 7. 응시하려는 종목이 속하는 동일 및 유사 직무분야에서 **5년 이상 실무**에 종사한 사람 8. **외국**에서 동일한 종목에 해당하는 자격을 취득한 사람	4년제 대학 관련학과 졸업자
2급	1. **기능사** 등급 이상의 자격을 취득한 후 응시하려는 종목이 속하는 동일 및 유사 직무분야에 **1년 이상 실무**에 종사한 사람 2. 응시하려는 종목이 속하는 동일 및 유사 직무분야의 다른 종목의 **산업기사 등급** 이상의 자격을 취득한 사람 3. 관련학과의 2년제 또는 3년제 **전문대학졸업자** 등 또는 그 졸업예정자 4. 관련학과의 대학졸업자등 또는 그 졸업예정자 5. 응시하려는 종목이 속하는 동일 및 유사 직무분야에서 1년 이상 실무에 종사한 사람 6. **외국**에서 동일한 종목에 해당하는 자격을 취득한 사람	전문대학 졸업자 등 또는 그 졸업예정자
3급	1. 응시하려는 종목이 속하는 동일 및 유사 직무분야의 다른 종목의 **기능사 등급** 이상의 자격을 취득한 사람 2. **중등학교** 졸업자 등 또는 그 졸업예정자 3. 동일 및 유사 직무분야의 기능사 수준 **기술훈련과정 이수자** 또는 그 이수예정자 4. **외국**에서 동일한 종목에 해당하는 자격을 취득한 사람	제한 없음
	1. **초등학교** 졸업자 등 또는 그 졸업예정자 (연령제한 없음)	주니어

■ 검정의 방법

○ 시험과목 및 시험방법

구 분		1급	2급	3급		문제유형	검정시간	합격기준
				일반	주니어			
필기시험	1. 보안관제 일반	20문항	20문항	20문항	25문항	객관식 4지 택일형	⟨2/3급⟩ 60분 ⟨1급⟩ 90분	평균 60점 이상 각 과목당 40점 이상
	2. 보안관제 기술	20문항	20문항	20문항	25문항			
	3. 보안관제 운용	20문항	20문항	20문항	×			
	4. 취약점 진단 기술	20문항	20문항	×	×			
	5. 침해사고 분석 기술	20문항	×	×	×			
		100문항	80문항	60문항	50문항			
실기 시험 (정보보안관제 실무)		고급형	중급형	×		주관식 필답형	2급 90분 1급 120분	60점 이상
시험 접수		온라인	온라인	온라인				

○ 필기시험 (객관식) : 4지선다형 100문항 x 1점 = 100점

○ 실기시험 (주관식)

- 단답형 20문항 × 2점 = 40점
- 서술형 3문항 × 10점 = 30점 (부분점수 존재)
- 작업형 3문항(택2) × 15점 = 30점 (부분점수 존재)

■ 합격기준

○ 필기시험 : 100점 만점기준 각 과목 40점 이상, 전과목 평균 60점이상 득점한 자
○ 실기시험 : 100점 만점기준 60점 이상 득점한 자

■ 검정 일정

○ 자격검증 전용 홈페이지 : www.isc16.com
○ 기타 관련 문의 : isc@wwwcap.or.kr

정보보안 자격증과 취업
〈자격증 응시자격 동일 및 유사 직무분야〉

■ 정보보안 관련 자격증
→ 정보보안(산업)기사, 정보시스템감리원, ISMS/PIMS심사원, CISA, CISSP, 유관자격 기술사
→ 「국가기술자격법 시행규칙」 별표 7의 검정대상 기술자격 종목 중 전자계산기, 정보통신, 통신설비, 통신기기, 통신선로, 정보기기운용, 전파통신, 전파전자, 무선설비, 방송통신, 정보관리, 정보처리, 사무자동화 및 전자계산조직응용 종목의 기술자격

■ 정보보안 관련 학과
→ 정보처리기술 관련 학과 : 시스템, 전산, 정보전산, 컴퓨터제어, 컴퓨터응용제어, 컴퓨터응용, 컴퓨터응용설계, 구조시스템, 컴퓨터정보, 멀티미디어, 정보시스템, 전산통계, 정보처리
→ 정보통신 관련 학과 : 전기통신설비, 국제정보통신, 방송설비, 방송통신, 이동통신, 전자통신, 컴퓨터네트워크, 통신, 컴퓨터정보기술, 전파통신, 전기전자통신, 전기전자정보통신, 전자정보통신, 전자제어통신, 전자통신, 전파, 전파통신, 정보통신, 컴퓨터통신, 항공통신정보, 전자정보통신반도체, 전기전자전파, 통신컴퓨터, 무선통신
→ 전자 관련 학과 : 정보전자, 전자, 전자계산, 전기전자제어, 전자정보, 전자제어, 전기전자, 전자전기정보, 전자컴퓨터전기제어, 컴퓨터과학, 전기전자정보, 전자컴퓨터, 메카트로닉스, 전자재료, 제어계측, 반도체
→ 그밖에 교육인적자원부장관이나 해당 교육기관의 장으로부터 전자·통신 및 정보처리기술·정보보호 관련 학과로 인정받은 학과

■ **정보보안 관련 직업군**

→ 정보보안관제 유관 취업군 : 공공기관, 민간기업 등에서 실시간 정보보안관제 기술, 운용, 보안정책 수립과 보안대책 구현, 취약점 진단 및 침해사고 분석 기술에 해당되는 보안관제(자체, 파견, 원격) 분야에서 요원 업무 등을 수행

→ 정보보호 유관 취업군 : 공공기관, 민간기업, 교육기관 등에서 정보보호를 위한 공통기반기술(암호 기술, 인증 기술 등을 말한다), 시스템·네트워크 보호(시스템 보호, 해킹·바이러스 대응, 네트워크 보호 등을 말한다) 또는 응용서비스 보호(전자거래 보호, 응용서비스 보호, 정보보호 표준화 등을 말한다)에 해당되는 분야에서 계획·분석·설계·개발·운영·유지보수·컨설팅 또는 연구개발 업무 등을 수행

→ 정보기술 실무자 취업군 : 공공기관, 민간기업, 교육기관 등에서 정보통신서비스(기간통신, 별정통신, 부가통신, 방송서비스 등을 말한다), 정보통신기기(정보기기, 방송기기, 부품 등을 말한다) 또는 소프트웨어 및 컴퓨터 관련 서비스(패키지 소프트웨어, 컴퓨터 관련 서비스, 디지털콘텐츠, 데이터베이스 제작 및 검색 등을 말한다)에 해당되는 분야에서 계획·분석·설계·개발·운영·유지보수·컨설팅·감리 또는 연구개발 업무 등을 수행

K-ICT 2016 사이버 시큐리티 인력양성 전략

〈 생애주기형 시큐리티 정보보안관제사 인력양성 체계도 〉

차세대 글로벌 융합형 최고 정보보안 인재 양성

정보보안관제사
Information Security Controller

정보보안관제사 과학기술정보통신부 (등록번호 제2016-003176호)

정보시스템의 서버(시스템), 네트워크 장비 및 정보보안장비에 대한 전문 지식과 운용 기술을 갖추고, 이와 더불어 실시간 정보 보안관제 기술과 능력, 보안 정책수립과 보안대책 구현, 취약점 진단 및 침해사고 분석의 기술, 정보보호 관련 법규 준수 여부 등 다양한 보안전문 능력을 보유하고, 사이버공격에 대한 신속하고 정확한 대응 업무 수행 능력을 갖추고 있는자

국가 · 공공기관 보안관제센터 운영을 지원할 보안관제 전문업체 지정
★ 국가사이버안전관리규정 제10조의2 (대통령훈령 제316호)

* 지정기관 : 과학기술정보통신부   * 수행기관 : KISA 한국인터넷진흥원

○ 잠재 인력 발굴   ○ 예비/전문 인력 양성   ○ 융합형 최고보안 인재 육성

 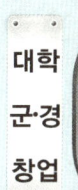   

| 초·중·고 | 주니어 보안인재 양성
정보보호 영재 교육원
입시 수시/특별 전형
(특성화 고교 및 대학) | 대학
군·경
창업 | 맞춤형 취업지원
특성화 대학·석사
경력단절 요인 해소
(군복무·출산) | 공공
기업
국제 | 보안 최고 관리자
최정예 인력
ICT융합보안 |

생애 주기형 차세대 시큐리티 인력 양성 국가사이버 보안 역량 강화

정보보호산업을 이끌어 갈 **최고의 정보보호 인력** 육성과 **수요맞춤형 전문인력** 배출

정보보안관제사

Contents

제1편 보안관제 일반   13
    보안관제 일반   14

제2편 보안관제 기술   37
    보안관제 기술   38

제3편 보안관제 운용   55
    보안관제 운용   56

제4편 취약점 진단 기술   73
    취약점 진단 기술   74

제5편 침해사고 분석 기술   95
    침해사고 분석 기술   96

제6편 실전 문제_필기   115
    보안관제 일반   116
    보안관제 기술   124
    보안관제 운영   131
    취약점 진단 기술   140

제7편 실전 문제_실기   149
    단답형 20문항(각 2점)   150
    서술형 3문항(각 10점)   161
    기술형 3문항/2선택(각 15점)   164

부록 – 용어 설명   177

제 1 편

〈NCS 보안이벤트 대응 4수준〉
보안관제 일반
1, 2, 3급 공통

제1편 보안관제 일반

001 국가 사이버안전관리규정에서 규정하고 있는 보안관제센터 설치·운영에 관한 내용으로 가장 거리가 먼 것은?

① 중앙행정기관의 장, 지방자치단체의 장 및 공공기관의 장은 사이버공격 정보를 탐지·분석하여 즉시 대응 조치를 할 수 있는 기구를 설치·운영해야 한다.
② 보안관제센터를 설치·운영하는 기관의 장은 수집·탐지한 사이버공격 정보를 국가정보원장 및 관계 기관의 장에게 제공해야 한다.
③ 보안관제센터를 운영하는 기관의 장은 보안관제센터의 운영에 필요한 전담직원을 상시 배치해야 한다.
④ 보안관제센터를 운영하는 기관의 장은 필요한 경우에는 한국인터넷진흥원장이 지정하는 보안관제전문 업체의 인원을 파견받아 보안관제업무를 수행하도록 할 수 있다.

> **설명**
>
> ■ 국가 사이버안전관리규정 제10조 제2항(보안관제센터 설치·운영)
>
> ① 중앙행정기관의 장, 지방자치단체의 장 및 공공기관의 장은 사이버공격 정보를 탐지·분석하여 즉시 대응 조치를 할 수 있는 기구(이하 "보안관제센터"라 한다)를 설치·운영하여야 한다. 다만, 보안관제센터를 설치·운영하지 못하는 경우에는 다른 중앙행정기관(국가정보원을 포함한다)의 장, 지방자치단체의 장 및 관계 공공기관의 장이 설치·운영하는 보안관제센터에 그 업무를 위탁할 수 있다.

② 보안관제센터를 설치·운영기관의 장은 수집·탐지한 사이버공격 정보를 국가정보원장 및 관계 기관의 장에게 제공하여야 한다.

③ 보안관제센터를 설치·운영하는 기관의 장은 보안관제센터의 운영에 필요한 전담직원을 상시 배치하여야 한다.

④ 보안관제센터를 운영하는 기관의 장은 필요한 경우에는 과학기술정보통신부장관이 지정하는 보안관제 전문업체의 인원을 파견받아 보안관제업무를 수행하도록 할 수 있다. 이 경우 보안관제 전문업체의 지정·관리 등에 필요한 사항은 과학기술정보통신부장관이 국가정보원장과 협의하여 정한다. 〈개정 2013.5.24〉

⑤ 제1항의 보안관제센터의 설치·운영 및 제2항의 사이버공격 정보의 제공 범위, 절차 및 방법 등 세부사항은 국가정보원장이 관계 중앙행정기관의 장과 협의하여 정한다.

[정답 ④]

002 다음 보기 중 보안관제 요원이 수행하게 되는 업무를 바르게 고른 것은?

㉠ 실시간 보안관제
㉡ 웹 취약점 점검 수행
㉢ 서버 및 네트워크 시스템, 보안 시스템 취약점 점검
㉣ 해킹메일 모의훈련
㉤ DDoS 공격 대응 모의훈련
㉥ 침해사고 보고
㉦ 개인정보보호 교육
㉧ 정보보호 기술 교육
㉨ 무선랜 취약점 점검
㉩ 보안감사 지원
㉪ 을지연습 사이버전 대응

① ㄱ, ㄴ, ㄷ, ㄹ, ㅁ, ㅇ, ㅈ, ㅋ
② ㄱ, ㄴ, ㄹ, ㅁ, ㅂ, ㅅ, ㅇ, ㅈ, ㅊ
③ ㄱ, ㄴ, ㄷ, ㄹ, ㅁ, ㅅ, ㅇ, ㅈ, ㅊ, ㅋ
④ ㄱ, ㄴ, ㄷ, ㄹ, ㅁ, ㅂ, ㅅ, ㅇ, ㅈ, ㅊ, ㅋ

설명

■ 아래의 업무는 보안관제센터에서 분야별로 인원을 적절하게 분배하여 운영이 필요하다. 또한 한 분야의 전문인력을 양성하여 타 파트와의 협력을 통한 기술공유도 보안관제센터 내에서 활용해야 하는 중요한 사항이다.

1. 실시간 보안관제
2. 웹 취약점 점검 수행
3. 서버 및 네트워크 시스템, 보안 시스템 취약점 점검
4. 해킹메일 모의훈련
5. DDoS 공격 대응 모의훈련
6. 침해사고 분석
7. 정보보안 교육
8. 정보보호 기술 교육
9. 무선랜 취약점 점검
10. 각종 보안감사 준비를 위한 보안점검
11. 을지연습 사이버전 대응

[정답 ①]

003 다음 중 보안관제 아웃소싱(파견/원격 보안관제) 시의 장점과 고려사항으로 가장 거리가 먼 것은?

① 보안전문인력의 확보 및 보안전문기술의 유지가 용이하다.
② 보안관제시설 확보 및 운영비용이 절감되고 침해사고 시 즉시적인 대응이 가능하다.
③ 서비스 제공 수준(SLA)의 적정성 확보와 서비스 범위의 명확성을 고려해야 한다.
④ 보안관제 업체의 신뢰성, 사업 지속역량을 고려해야 한다.

설명

■ 보안관제 아웃소싱의 장점 및 고려사항은 다음과 같다.

장 점	고려사항
- 보안전문인력 확보 용이 - 보안전문기술 유지 용이 - 보안관제시설 확보 및 운영비용 절감 - 침해사고 시 법적 증거 제공 (독립성, 객관성 확보)	- 서비스제공수준(SLA)의 적정성 확보와 서비스 범위의 명확성 - 보안관제를 위한 자체 보안장비 활용 및 구매 혹은 임대 선택 - 보안관제 업체의 신뢰성, 사업 지속역량 - 보안관제 정보관리의 보안성 확보

[정답 ②]

004 다음 보안관제 시스템에 따른 분류 중 가장 거리가 먼 것은?

① 단위 보안장비를 이용한 관제
② 다중·다계층 보안관제
③ 통합 보안관제 시스템을 이용한 보안관제
④ ESM을 이용한 탐지 이벤트 전송방식

> **설명**
>
> - 관제 시스템에 따른 분류는 다음과 같다.
>   → 단위 보안장비를 이용한 관제
> - 침입차단 시스템(방화벽), 침입탐지 시스템(IDS) 등 단위 보안장비를 이용하여 보안관제를 진행하는 경우로 해당 보안장비에서 생성되는 이벤트 정보 또는 로그를 모니터링하여 보안관제업무를 수행한다. 주로 보안관제 도입단계 혹은 소규모 사이트에서 많이 사용되고 있다.
>   → 통합 보안관제 시스템을 이용한 보안관제
> - 다수의 시스템으로부터 수집된 정보를 종합적으로 분석하는 통합 보안관제 시스템을 이용하는 방법
> - 주로 ESM(Enterprise Security Management) 보안관제 장비를 활용해 방화벽, IDS 등 네트워크 보안장비에서 발생되는 이벤트를 종합적으로 분석해 신속하게 공격을 탐지하는 것을 의미한다.
>   → ESM을 이용한 탐지이벤트 전송방식
> - 각 보안장비의 탐지로그는 중요정보로 볼 수 있으며, 사이버공격에 악용될 소지도 있으므로 각 기관의 로그는 안전한 암호화 전송이 이루어져야 한다.
>   → 융합 보안관제
> - 무단출입 및 기업정보유출 시도 등 보안 위협에 입체적, 다각적으로 대처 가능하도록 물리적, 관리적, 기술적 다양한 보안 기술들의 접목과 보안 시스템(출입통제, 내부 정보유출방지, 출력물 보안 시스템 등)의 로그를 종합적으로 분석해 이상 징후 발생 유무에 대해 통보하고 평가하여 이를 기반으로 침해시도 및 정보유출 시도를 원천 차단하는 상황인지(Context Awareness)형 융합보안 서비스이다.

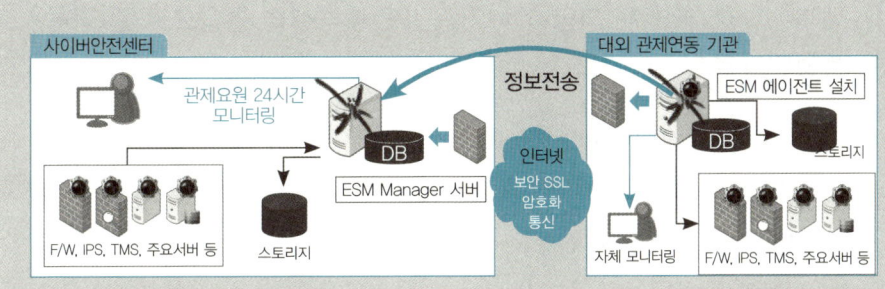

- 사이버안전센터 ESM 서버로 탐지로그를 전송하여 통합보안관제 가능
  - Agent에서 수집한 탐지로는 ESM 서버로 실시간 전송
  - 수집정보 : 공격 이벤트 정보 및 보안장비의 성능(CPU, 메모리 사용률) 정보 등
- 연동 장점
  - 다양한 기종의 보안장비에서 수집한 탐지로그를 통합적으로 모니터링 가능
  - 각 보안장비의 탐지로그를 연관성 분석하여 효율적인 보안관제 수행

[정답 ②]

005 VPN, NAC, IPS 등 다양한 이기종 보안솔루션을 통합으로 관리하는 솔루션은 무엇인가?

① ESM(Enterprise Security Management)
② UTM(Unified Threat Management)
③ PMS(Patch Management System)
④ NMS(Network Management System)

> **설명**
> - ESM : 전사 차원의 보안정책에 따라 다수의 보안 장비를 통합관리 및 상호연관 분석을 수행하는 시스템
> - UTM(Unified Threat Management) : 방화벽, IPS, Virus wall, VPN 기능을 하나의 장비에 통합한 솔루션
> - PMS(Patch Management System) : 어플리케이션 패치 관리 시스템
> - NMS(Network Management System) : 네트워크 관리 시스템
>
> [정답 ①]

006 다음은 어떤 보안 정책에 대한 설명이다. 가장 적절한 것은?

> 세금 고지 업무와 세금 수납 업무를 같은 사람에게 맡기지 않는다.

① 최소권한 정책
② 권한 분산
③ 직무분리(임무분리)
④ 권한 위임

> **설명**
>
> - 접근 원칙은 다음과 같다.
>   → 알 필요성 원칙(Need to know) : 해당 업무에 대한 접근 권리만 부여하는 원칙이다.
>   → 최소권한 원칙(Least privilege policy) : 업무수행에 필요한 최소 권한만 부여하는 원칙이다.
>   → 직무분리 원칙(Separation of Duty) : 한 사람에게 모든 업무(권한)를 부여하지 않는 원칙이다.
>
> [정답 ③]

007 다음 생체인식(Biometrics)의 정확도를 측정하는 매개변수 중 인식되지 않아야 할 사람이 얼마나 자주 시스템에 의해서 인식되는지를 나타내는 것은?

① 정상거부율(TRR : True Rejection Rate)
② 부정거부율(FRR : False Rejection Rate)
③ 정상허용율(TAR : True Acceptance Rate)
④ 부정허용율(FAR : False Acceptance Rate)

> **설명**
>
> - 생체인증 오류율(정확성을 나타내는 척도)은 다음과 같다.
>   → 오 거부율(FRR, False Rejection Rate) : 잘못된 거부의 비율 · 정상인데 오류로 인식하는 비율(%)이다.
>   → 오 인식율(FAR, False Acceptance Rate) : 잘못된 허용의 비율 · 오류인데 정상으로 인식하는 비율(%)이다.
> - 사용자의 편리성을 위해서는 FRR을 낮추고, 보안의 엄격성을 위해서는 FAR을 낮추어야 한다.
>
> [정답 ④]

008 해시(Hash)함수에 대한 설명 중 가장 거리가 먼 것은?

① 해시함수의 결과값을 통해 입력값을 계산하는 것이 용이해야 한다.
② 해시함수 h에 대해 h(x) = h(x')인 입력값 쌍을 계산하는 것이 불가능해야 한다.
③ 해시 알고리즘인 MD5는 128bit의 출력값을 가진다.
④ 가변길이 입력값에 대해 고정길이 출력값을 가진다.

> **설명**
>
> ■ 메시지 인증에 필요한 해시함수의 성질은 다음과 같다.
>   → 고정길이 압축 : 해시함수 h는 임의의 메시지 M을 입력할 수 있어야 하며 이를 일정 길이의 해시값 H로 출력할 수 있어야 한다.
>   → 효율성 : 해시함수 h는 어떠한 메시지 입력에도 해시값 H의 계산이 간단해야 하며 하드웨어 혹은 소프트웨어 구성이 용이해야 한다.
>   → 일방향성 : 어떠한 해시값 H에 대해서도 h(M) = H가 되는 메시지 M을 찾는 것이 계산상 불가능해야 한다.
>   → 역상저항성 : 어떠한 메시지 M과 그의 해시값 H=h(M)이 주어졌을 때 h(M')=H이 되는 메시지를 찾는 것이 계산상 불가능해야 한다.
>   → 충돌회피성 : h(M)=h(M')이 되는 서명문 쌍(M, M'), (M≠M')을 찾는 것이 계산상 불가능해야 한다.
>
> [정답 ①]

009 다음 중 커버로스(Kerberos)에 대한 설명으로 가장 거리가 먼 것은?

① 커버로스는 키분배센터(KDC : Key Distribution Center) 기반의 키 관리를 수행한다.
② 커버로스는 타임스탬프를 이용하여 재생공격(Replay Attack)을 방지한다.
③ 커버로스는 RFC 표준으로 키분배뿐만 아니라 사용자 인증을 제공한다.
④ 커버로스를 이용하여 사용자는 키분배 센터로부터 상대방의 공개키를 안전하게 수신한다.

설명

- 커버로스(Kerberos)의 주요 특징은 다음과 같다.
    → 비밀키 암호방식에 기초를 둔 티켓 기반의 인증 서비스로 SSO(싱글사인온) 솔루션이다.

- SSO(Single Sign On) : 한 번의 로그인을 통하여 자신의 사용권한이 있는 모든 네트워크 자원에 접근 가능한 인증 솔루션으로 커버로스, 세사미, 디렉토리 서비스 등이 대표적이다.
    → 신뢰성 있는 KDC(키분배 센터)를 통해 발급되는 허가티켓(TGT)과 서비스 티켓(ST)을 이용해 인증을 수행한다. 이때 허가티켓은 서비스티켓을 확보하기 위한 수단이다.
    → 티켓 안에는 비밀키로 암호화된 세션키와 클라이언트 및 서버명, 인증시간 등의 정보가 수록되어 있다.
    → 사용자 인증은 허가티켓을 통해서, 사용자가 접근할 응용서버는 서비스 티켓을 통해 허가된다.
    → 타임스탬프를 이용하므로 재생공격(Replay Attack)을 예방할 수 있다.

[정답 ④]

010 다음 설명에 가장 적절한 접근 통제 방법은?

> 기존의 접근통제에서는 모든 사용자 개개인의 접근통제 규칙을 보유했지만, 이것이 효율적이지 못할 뿐만 아니라 때로 보안 사고의 원인이 되었다. 따라서 보안 관리자는 시스템에 접근하는 사용자들을 직책 및 보직을 기반으로 통제하고자 한다.

① 임의적 접근통제정책
② 강제적 접근통제정책
③ 역할기반 접근통제정책
④ 다계층 접근통제정책

설명

- 접근통제정책의 특징은 다음과 같다.
  → 임의적 접근통제정책(DAC)
- 데이터의 소유자(owner)가 접근을 요청하는 사용자의 신분, 즉 식별자(ID)에 기초하여 객체에 대해 접근을 제한하는 접근통제 방법이다.
  → 강제적 접근통제정책(MAC)
- 강제적인 접근 제한 또는 MAC은 정보 시스템 내에서 어떤 주체가 어떤 객체에 접근하려 할 때 양자의 보안레이블(보안등급)을 비교하여 높은 보안을 요하는 정보가 낮은 보안수준의 주체에게 노출되지 않도록 접근을 제한하는 접근통제 방법이다.
  → 역할기반 접근통제(RBAC)
- 주체가 적절한 역할(role)에 할당되고 역할에 적합한 접근권한이 할당된 경우만 객체에 접근할 수 있는 비임의적 접근제어(Non DAC) 방식으로 전통적인 DAC와 MAC의 대체 수단으로 사용된다.

[정답 ③]

011 접근통제 모델 중 기밀성을 강조한 모델인 Bell-Lapadula 모델에 대한 읽기, 쓰기 정책으로 올바른 것은?

① 상위레벨 쓰기금지 정책, 하위레벨 읽기금지 정책
② 상위레벨 읽기금지 정책, 하위레벨 쓰기금지 정책
③ 상위레벨 읽기금지 정책, 하위레벨 읽기금지 정책
④ 상위레벨 쓰기금지 정책, 하위레벨 쓰기금지 정책

설명

- BLP는 기밀성을 강조한 모델로 정보가 상위등급에서 하위등급으로 흐르는 것을 방지하기 위한 모델

구 분	내 용
상위레벨 읽기금지 정책	- No-read-up Policy - 인가받은 비밀등급이 낮은 주체는 비밀등급이 높은 객체를 읽지 못하는 보안정책
하위레벨 쓰기금지 정책	- No-write-down Policy - 인가받은 비밀등급 이하의 정보를 수정하지 못하게 하는 보안정책 (읽기 가능, 쓰기 불가능)

[정답 ②]

012 다음 키분배 방식 중 나머지 3가지와 방식이 상이한 것은?

① KDC 기반 키 분배

② Needham-Schroeder 프로토콜

③ Diffie-Hellman 프로토콜

④ RSA 이용 키 분배 방법

> **설명**
>
> ■ KDC 기반 키 분배는 대칭키 암호방식이고, 나머지 세 가지는 공개키 암호방식이다.
>
> [정답 ①]

013 PKI(Public Key Infrastructure) 구성요소 중 사용자 신분 확인을 수행하고 인증서 발급 및 처리를 대행하는 역할을 수행하는 것은?

① PKI(Public Key Infrastructure)

② RA(Registration Authority)

③ CRL(Certificate Revocation List)

④ LDAP(Lightweight Directory Access Protocol)

설명

- PKI 구성요소는 다음과 같다.

구성요소	설 명
CA (Certification Authority)	- 인증 정책을 수립 - 인증서 및 인증서 취소 목록 CRL (Certificate Revocation List) 관리(생성, 공개, 취소 등)
RA (Registration Authority)	- 사용자 신분 확인 - 사용자의 인증서 요구를 승인, CA에 인증서 발급 요청 - PKI를 이용하는 어플리케이션과 CA 간 인터페이스 제공
공인 인증서	- X.509 v3 표준을 준수하는 인증서 표준을 사용 - 전자서명 검증 키와 소유자 관계를 증명해주는 전자적 파일
디렉토리 서버	- 공개키가 들어있는 공인인증서의 저장 및 조회 서비스 - CA에서 발급한 인증서와 CRL(인증서폐지목록 : Certificate Revocation List)을 효과적이고 안전하게 저장 및 조회할 수 있도록 해주는 서버 - 주로 LDAP(Lightweight Directory Access Protocol)을 사용

[정답 ②]

014 전자서명이 갖춰야 하는 요구사항이 아닌 것은?

① 위조 불가　　　　② 인증
③ 기밀성　　　　　 ④ 부인 방지

> **설명**
> - 전자서명은 누구든지 쉽게 검증이 가능해야 하므로 기밀성이 요구되지 않음
>   → 전자서명의 특징
> - 위조 불가 : 서명자 이외의 타인이 서명을 위조하기 어려워야 한다.
> - 서명자 인증 : 누구의 서명인지를 확인 할 수 있어야 한다.
> - 부인 불가 : 서명자는 서명 사실을 부인할 수 없어야 한다.
> - 변경 불가 : 한번 서명한 문서는 내용을 변조할 수 없어야 한다.
> - 재사용 불가 : 다른 문서의 서명을 위조하거나 기존의 서명을 재사용할 수 없다.
>
> [정답 ③]

015 정보통신망 이용촉진 및 정보보호 등에 관한 법률에 따른 개인정보 암호화 대상을 바르게 고르시오.

> ㉠ 주민등록번호
> ㉡ 여권번호
> ㉢ 운전면허번호
> ㉣ 외국인등록번호
> ㉤ 비밀번호
> ㉥ 신용카드번호
> ㉦ 계좌번호
> ㉧ 바이오정보

① ㄱ, ㄴ, ㄷ, ㄹ, ㅂ, ㅅ, ㅇ
② ㄱ, ㄴ, ㄷ, ㄹ, ㅁ, ㅂ, ㅅ
③ ㄱ, ㄴ, ㄹ, ㅁ, ㅂ, ㅅ, ㅇ
④ ㄱ, ㄴ, ㄷ, ㄹ, ㅁ, ㅂ, ㅅ, ㅇ

> **설명**
>
> ■ 개인정보의 기술적·관리적 보호조치 기준
>   → 제6조(개인정보의 암호화)
>
> ① 정보통신서비스 제공자등은 비밀번호는 복호화 되지 아니하도록 일방향 암호화하여 저장한다.
>
> ② 정보통신서비스 제공자등은 다음 각 호의 정보에 대해서는 안전한 암호알고리즘으로 암호화하여 저장한다.
>   1. 주민등록번호
>   2. 여권번호
>   3. 운전면허번호
>   4. 외국인등록번호
>   5. 신용카드번호
>   6. 계좌번호
>   7. 바이오정보
>
> ③ 정보통신서비스 제공자등은 정보통신망을 통해 이용자의 개인정보 및 인증정보를 송·수신할 때에는 안전한 보안서버 구축 등의 조치를 통해 이를 암호화해야 한다. 보안서버는 다음 각 호 중 하나의 기능을 갖추어야 한다.
>   1. 웹서버에 SSL(Secure Socket Layer) 인증서를 설치하여 전송하는 정보를 암호화하여 송·수신하는 기능
>   2. 웹서버에 암호화 응용프로그램을 설치하여 전송하는 정보를 암호화하여 송·수신하는 기능
>
> ④ 정보통신서비스 제공자등은 이용자의 개인정보를 컴퓨터, 모바일 기기 및 보조저장매체 등에 저장할 때에는 이를 암호화해야 한다.
>
> [정답 ④]

016 정보통신기반 보호법에 따라 주요 정보통신 기반시설의 취약점 분석·평가를 수행할 수 있는 기관으로 가장 거리가 먼 것은?

① 한국인터넷진흥원
② 정보공유·분석센터
③ 한국전자통신연구원
④ 한국정보화진흥원

설명

- 정보통신기반 보호법(시행 2015.12.23, 법률 제13343호)
  → 제9조(취약점의 분석·평가)

① 관리기관의 장은 대통령령이 정하는 바에 따라 정기적으로 소관 주요정보통신기반시설의 취약점을 분석·평가하여야 한다.

② 관리기관의 장은 제1항의 규정에 의하여 취약점을 분석·평가하고자 하는 경우에는 대통령령이 정하는 바에 따라 취약점을 분석·평가하는 전담반을 구성하여야 한다.

③ 관리기관의 장은 제1항의 규정에 의하여 취약점을 분석·평가하고자 하는 경우에는 다음 각호의 1에 해당하는 기관으로 하여금 소관 주요정보통신기반시설의 취약점을 분석·평가하게 할 수 있다. 다만, 이 경우 제2항의 규정에 의한 전담반을 구성하지 아니할 수 있다.
  1. 『정보통신망 이용촉진 및 정보보호 등에 관한 법률』 제52조의 규정에 의한 한국인터넷진흥원(이하 "인터넷진흥원"이라 한다)
  2. 제16조의 규정에 의한 정보공유·분석센터(대통령령이 정하는 기준을 충족하는 정보공유·분석센터에 한한다)
  3. 『정보보호산업의 진흥에 관한 법률』 제23조에 따라 지정된 정보보호 전문서비스 기업
  4. 『정부출연연구기관 등의 설립·운영 및 육성에 관한 법률』 제8조의 규정에 의한 한국전자통신연구원

④ 미래창조과학부장관은 관계중앙행정기관의 장 및 국가정보원장과 협의하여 제1항의 규정에 의한 취약점 분석·평가에 관한 기준을 정하고 이를 관계중앙행정기관의 장에게 통보하여야 한다.
⑤ 주요정보통신기반시설의 취약점 분석·평가의 방법 및 절차 등에 관하여 필요한 사항은 대통령령으로 정한다.

[정답 ④]

017 정보통신기반 보호법에 따른 '주요 정보통신 기반시설 보호계획' 수립 시 포함되어야 하는 항목을 고르시오.

① 행정, 보건, 사회복지, 교육, 문화, 환경, 과학기술, 재난안전 등 공공 분야의 정보화
② 주요정보통신기반시설의 침해사고 분석에 관한 사항
③ 개인정보 보호, 건전한 정보통신윤리 확립, 이용자의 권익보호 및 지식재산권의 보호
④ 주요 정보통신 기반시설 및 관리 정보의 침해사고에 대한 예방, 백업, 복구대책에 관한 사항

설명

■ 정보통신기반 보호법[시행 2015.12.23.]
  → 제6조(주요정보통신기반시설보호계획의 수립 등)
① 관계중앙행정기관의 장은 제5조제2항의 규정에 의하여 제출받은 주요정보통신기반시설보호대책을 종합·조정하여 소관분야에 대한 주요정보통신기반시설에 관한 보호계획(이하 "주요정보통신기반시설보호계획"이라 한다)을 수립·시행하여야 한다.

② 관계중앙행정기관의 장은 전년도 주요정보통신기반시설보호계획의 추진실적과 다음 연도의 주요정보통신기반시설보호계획을 위원회에 제출하여 그 심의를 받아야 한다. 다만, 위원회의 위원장이 보안이 요구된다고 인정하는 사항에 대하여는 그러하지 아니하다.

③ 주요정보통신기반시설보호계획에는 다음 각호의 사항이 포함되어야 한다. 〈개정 2015.1.20.〉
  1. 주요정보통신기반시설의 취약점 분석·평가에 관한 사항
  2. 주요정보통신기반시설 및 관리 정보의 침해사고에 대한 예방, 백업, 복구대책에 관한 사항
  3. 그 밖에 주요정보통신기반시설의 보호에 관하여 필요한 사항

④ 미래창조과학부장관과 국가정보원장은 협의하여 주요정보통신기반시설보호대책 및 주요정보통신기반시설보호계획의 수립지침을 정하여 이를 관계중앙행정기관의 장에게 통보할 수 있다.

⑤ 관계중앙행정기관의 장은 소관분야의 주요정보통신기반시설의 보호에 관한 업무를 총괄하는 자(이하 "정보보호책임관"이라 한다)를 지정하여야 한다.

⑥ 주요정보통신기반시설보호계획의 수립·시행에 관한 사항과 정보보호책임관의 지정 및 업무 등에 관하여 필요한 사항은 대통령령으로 정한다.

[정답 ④]

018 다음 중 국가사이버안전관리규정에 따라 국가사이버안전센터에서 정의한 사이버위기경보단계 중에서 "경계" 단계에 해당하는 것은?

① 국가적 차원에서 네트워크 및 정보 시스템 사용 불가능
② 복수의 정보통신서비스 제공자(ISP)망 및 기간망의 장애 또는 마비
③ 침해사고가 일부기관에서 발생하여 다수기관 확산 가능성 증가
④ 해외 사이버공격 피해가 확산되어 국내 유입 우려 존재

설명

■ 사이버 위기 경보 단계

단 계	설 명
심각	국가적 차원에서 네트워크 및 정보 시스템 사용 불가능 침해사고가 전국적으로 발생했거나 피해범위가 대규모인 사고 발생
경계	복수 정보통신서비스 제공자(ISP망) - 기간망의 마비 침해사고가 다수기관에서 발생했거나 대규모 피해로 발전될 가능성 증가
주의	일부 네트워크 및 정보 시스템 장애침해사고가 일부 기관에서 발생했거나 다수기관으로 확산될 가능성 증가
관심	웜바이러스, 해킹기법 등에 의한 피해발생 가능성 증가 해외 사이버공격 피해가 확산되어 국내 유입 우려
정상	전 분야 정상적인 활동 위험도 낮음, 웜바이러스 발생

[정답 ②]

019 정보보호산업의 진흥에 관한 법률에 따른 보안관제 전문업체 지정요건의 지정 기준으로 가장 거리가 먼 것은?

① 자격을 갖춘 기술인력을 15명 이상 보유할 것
② 자기 자본금이 20억 원 이상일 것
③ 최근 3년간 보안관제 수행실적 합계 금액이 30억 원 이상 또는 보안관제 수행 능력 평가기준에 따라 실시한 심사에서 70점 이상을 받을 것
④ 관제업무를 수행하는 상설 보안관제 전담조직을 구성할 것

> **설명**
>
> - 보안관제 전문업체 지정기준은 다음과 같다.
>   → 자격을 갖춘 기술인력을 15명 이상 보유할 것(고급기술자 3명 이상, 중급기술자 6명 이상을 포함해야 한다.)
>   → 자기 자본금이 20억 원 이상일 것(기업 재무제표의 자본총계를 의미한다.)
>   → 최근 3년간 보안관제 수행실적 합계 금액이 30억 원 이상 또는 보안관제 수행 능력 평가기준에 따라 실시한 심사에서 70점 이상을 받을 것
>
> [정답 ④]

020 정보통신망법 하위 고시인 '개인정보의 기술적·관리적 보호조치 기준'에서 제시하고 있는 개인정보취급자 컴퓨터의 망분리 대상이 되는 기준으로 올바른 것은?

① 5만 명 이상의 정보주체에 관한 고유식별정보의 처리가 수반되는 개인정보파일 보유 기관
② 정보통신서비스 부문 전년도 매출액이 10억 원 이상인 정보통신서비스 제공자
③ 전년도 말 기준 직전 3개월간 개인정보가 저장·관리되고 있는 이용자 수가 일일평균 100만 명 이상인 정보통신서비스 제공자
④ 『공공기관의 운영에 관한 법률』 제4조에 따른 공공기관

> **설명**
> - 개인정보의 기술적·관리적 보호조치 기준 제4조(접근통제)
>   → ③ 전년도 말 기준 직전 3개월간 그 개인정보가 저장·관리되고 있는 이용자 수가 일일평균 100만 명 이상이거나 정보통신서비스 부문 전년도(법인인 경우에는 전 사업연도를 말한다) 매출액이 100억 원 이상인 정보통신서비스 제공자
>
> [정답 ③]

MEMO

제 2 편

⟨NCS 보안이벤트 대응 4수준⟩

보안관제 기술

1, 2, 3급 공통

제2편 **보안관제 기술**

001 다음 중 기지 평문 공격(Known-plaintext Attack)의 설명으로 옳은 것을 고르시오.

① 암호해독자가 사용된 암호기에 접근할 수 있어 평문 P를 선택하여 그 평문 P에 해당하는 암호문 C를 얻어 키 K나 평문 P를 추정하여 암호를 해독하는 방법
② 암호 해독자는 일정량의 평문 P에 대응하는 암호문 C를 알고 있는 상태에서 해독하는 방법으로 암호문 C와 평문 P의 관계로부터 키 K나 평문 P를 추정하여 해독하는 방법
③ 암호 해독자는 단지 암호문 C만을 갖고 이로부터 평문 P이나 키 K를 찾아내는 방법으로 평문 P의 통계적 성질, 문장의 특성 등을 추정하여 해독하는 방법
④ 암호 해독자가 암호 복호기에 접근할 수 있어 암호문 C에 대한 평문 P를 얻어내 암호를 해독하는 방법

> **설명**
> ■ 암호에 대한 공격에는 4가지 공격으로 구분될 수 있다.
>   → ① 암호문 단독 공격(Ciphertext-only Attack)
>   ③ 선택 평문 공격(Chosen-plaintext Attack)
>   ④ 선택 암호문 공격(Chosen-ciphertext Attack)
>
> [정답 ②]

002 PAM(Pluggable Authentication Module)은 login, ftp, telnet 등의 일반적인 서버에 대한 인증 부분을 효율적이고 보다 쉽게 관리하기 위해 고안되었다. PAM이 할 수 있는 것이 아닌 것은?

① 특정한 사용자가 특정한 시간에 특정한 장소에서만 로그인할 수 있도록 제한 설정을 할 수 있다.
② 사용자들이 쓸 수 있는 시스템 자원(프로세스 수, 메모리의 양 등)을 제한하여 로컬 서비스 거부공격(local DoS)을 어느 정도 막을 수 있다.
③ 다른 서버들과 안전한 통신을 할 수 있도록 VPN(Virtual Private Network)을 지원한다.
④ 패스워드 암호화에 DES(Data Encryption Standard)를 사용하지 않기 때문에 크랙이나 부르트 포스 공격(Brute Force Attack)에 보다 강하다.

> **설명**
>
> - PAM(Pluggable Authentication Modules)은 Multiple Authentication 문제 해결을 위하여 1995년 CDE의 Security Group에서 제시한 인증 모듈로, 컴퓨팅 시스템의 사용자 인증을 더욱 융통성 있고 다양한 방법을 지원할 수 있도록 하는 방법으로 인증 방법에 대한 함수를 포함한 라이브러리를 제공한다.
>
> [정답 ③]

003 DES(Data Encryption Standard)에 대한 설명으로 틀린 것을 고르시오.

① 64비트 블록 암호로 64비트 크기의 비밀키를 사용한다.
② 16라운드의 Feistel 구조를 가지고, 8개의 S-Box를 사용한다.
③ S-Box에 트랩도어(Trapdoor)의 존재성 여부가 안전성에 영향을 미친다.
④ ANSI X3.92와 X3.106 표준 및 미국 연방 정부 FIPS 46과 81 표준에 정의되어 있다.

> **설명**
> ■ 56비트 크기의 비밀키를 사용한다.
>
> [정답 ①]

004 갑자기 서버에 과부하가 걸리고 있는 것 같아 시스템의 프로세스 상황을 살펴보니 아래와 같이 Sendmail 프로세스가 많이 떠 있는 것을 확인하였다. 설명으로 옳은 것은?

```
[root@www /root]# ps -aux|grep sendmail
root 3425 0.0 0.2 2472 1256 ? S Aug10 0 :10 sendmail : accepti
root 20818 0.0 0.2 2596 1520 ? S 01 :07 0 :00 sendmail : server
root 24572 0.0 0.3 2728 1684 ? S 01 :32 0 :00 sendmail : sevrer
root 24970 0.0 0.2 2596 1524 ? S 01 :34 0 :00 sendmail : server
root 25811 0.0 0.2 2596 1524 ? S 01 :38 0 :00 sendmail : server
root 13455 0.0 0.2 2472 1256 ? S Aug11 0 :10 sendmail : accepti
root 23766 0.0 0.2 2344 1520 ? S 01 :07 0 :00 sendmail : server
root 47932 0.0 0.2 2432 1524 ? S 01 :34 0 :00 sendmail : server
root 98793 0.0 0.2 2342 1524 ? S 01 :38 0 :00 sendmail : server
```

```
[root@www /root]# netstat -na|grep :25
tcp 0 0 0.0.0.0 :25 0.0.0.0 :* LISTEN
tcp 0 0 5.5.5.5 :38799 1.xxx.xxx.xxx :25 TIME_WAIT
tcp 0 0 5.5.5.5 :43634 2.xxx.xxx.xxx :25 ESTABLISHED
tcp 0 0 5.5.5.5 :43891 2.xxx.xxx.xxx :25 ESTABLISHED
tcp 0 0 5.5.5.5 :7478 1.xxx.xxx.xxx :25 ESTABLISHED
tcp 0 0 5.5.5.5 :1234 3.xxx.xxx.xxx :25 ESTABLISHED
tcp 0 0 5.5.5.5 :2152 4.xxx.xxx.xxx :25 ESTABLISHED
tcp 0 0 5.5.5.5 :3645 1.xxx.xxx.xxx :25 ESTABLISHED
tcp 0 0 5.5.5.5 :3601 2.xxx.xxxx.xxx :25 ESTABLISHED
```

① 평상시보다 많은 메일이 관리하는 서버에서 외부로 나가는 것으로 판단되므로 메일 릴레이가 오픈되어 있는지 확인하여야 한다.
② 평상시보다 외부에서 많은 메일이 들어오는 것으로 보아 누군가 메일 폭탄을 보내고 있는 것으로 판단된다.
③ 5.5.5.5에서 스팸 메일이 들어오는 것으로 판단되므로 메일서버의 원활한 운영을 위하여 서버에서 차단하는 것이 바람직하다.
④ 메일 용량이 모자라 외부에서 들어오는 메일을 처리 못하는 것으로 판단되므로 메일 용량을 늘릴 필요가 있는 것으로 판단된다.

설명

- 메일서버(5.5.5.5)에서 특정 서버가 아닌 다수의 외부 메일 서버(1/2/3/4xx.x.x.x, TCP 25)로 평상시보다 많은 메일을 전송(연결이 ESTABLISHED)하고 있으므로 메일 릴레이일 가능성이 높으므로 이를 점검하여야 한다.

[정답 ①]

005 다음 중 대칭키 암호 알고리즘으로만 짝지어진 것은?

① RSA, DES, AES

② SEED, DES, AES

③ AES, MD5, A5/1

④ SEED, AES, ECC

> **설명**
>
> - 대칭키 암호 알고리즘
>   → SEED, DES, 3DES, AES, RC4
> - 공개키 암호 알고리즘
>   → RSA, ElGamal, ECC
>
> [정답 ②]

006 침입을 당했을 때 로그 파일을 비롯한 여러 파일의 환경설정이나 접근권한, 일부 파일이 변조되거나 삭제된다. 시스템이 변조되기 전, 헤더 값의 체크섬(Checksum)을 저장하여 파일의 변조, 삭제 시 원래의 파일과 비교·대조할 수 있는 피해 분석 도구는?

① tcpdump

② netstat

③ tripwire

④ Snort

> **설명**
> - tripwire는 시스템 내부의 중요한 파일들에 대한 기본 체크썸을 데이터베이스화하여, 차후에 이들의 체크썸을 비교하여 변화 여부를 판단함으로써 공격자에 의해 시스템에 변화가 생겼는지를 확인할 수 있는 도구이다.

[정답 ③]

007 AES(Advanced Encryption Standard)의 라운드 함수에 대한 설명으로 틀린 것을 고르시오.

① 비선형 레이어로 차분공격과 선형암호공격을 방어하기 위한 단계를 바이트 대치(ByteSub)라고 한다.
② 행 시프트(ShiftRow)에서는 4xNb 행렬로 표현되는 입력을 각 행별로 순환이동 한다.
③ 입력 블록의 각 열에 해당하는 블록들이 서로 영향을 받지않도록 변환시키는 단계를 열 조합(MixColumn)이라고 한다.
④ 부분키 덧셈(Key XOR)는 각 입력블록에 부분키를 XOR하는 단계이다.

> **설명**
> - 열 조합(MixColumn) 단계는 각 열에 해당하는 블록들이 서로 영향을 받도록 하여 변환시킨다.

[정답 ③]

008 윈도우 서버의 보안 관리를 위한 설명 중 옳지 않은 것은?

① 정책 설정에서 보안상 중요한 감사기록에 대한 로그를 설정하여 정기적으로 점검한다.
② 웹 서비스, ftp 서비스의 로그를 정기적으로 점검한다.
③ 시스템 로그, 보안 로그가 없으므로 따로 로그 관리 프로그램을 설치한다.
④ 관리자 암호와 사용자 암호를 정기적으로 바꾼다.

> **설명**
>
> ■ 윈도우 서버에서의 로그 관리는 '이벤트 뷰어'라는 관리 도구를 사용하여 관리하며, 응용프로그램 로그, 보안 로그, 시스템 로그의 세 가지 로그를 기본 로그로 한다. 그리고 도메인 컨트롤러로 구성된 윈도우 서버는 '디렉터리 서비스 로그'와 '파일 복제 서비스 로그'가 추가되며, DNS 서버로 구성된 윈도우에서는 'DNS 서버 로그'가 추가된다. 이벤트 뷰어에서 관리하는 이벤트 로그 파일(.evt 형식)은 기록된 각 이벤트의 이진 데이터 형식으로 보관된다. 다음은 윈도우의 세 가지 기본 로그에 대한 설명이다.
>
> [정답 ③]

009 윈도우는 기본적으로 시스템을 관리할 수 있는 여러 도구들을 제공한다. 다음 중 로그를 조회하고 관리할 수 있는 도구는?

① 보안 템플릿
② 시스템 정보
③ IPSEC
④ 이벤트 뷰어

설명

- 윈도우 서버에서의 로그 관리는 '이벤트 뷰어'라는 관리 도구를 사용하여 관리하며, 응용프로그램 로그, 보안 로그, 시스템 로그의 세 가지 로그를 기본 로그로 한다.

[정답 ④]

010 블록 암호 알고리즘 중 다음의 특징이 설명하는 모드는 무엇인가?

- 평문블록을 직접 암호화하지 않는다.
- 복호화 과정에서 초기벡터를 복호화하는 것이 아니라 암호화한다.
- 암호화와 복호화 과정 양쪽 모두에서 평문블록과 암호문 블록 사이에 암호화가 있지 않다.

① ECB
② CBC
③ OFB
④ CFB

설명

- CFB 모드(Cipher-FeedBack mode, 암호 피드백 모드)
  → CFB 모드에서는 1단계 앞의 암호문 블록을 암호 알고리즘의 입력으로 사용한다. 피드백이라는 것은 여기에서는 암호화의 입력으로 사용한다는 것을 의미한다.

[정답 ④]

011
utmp 로그는 현재 로그인한 사용자가 무엇을 하는지를 볼 수 있는 바이너리 로그이다. 다음과 같이 현재 로그인한 계정의 접근 내역을 보여주는 명령어는?

```
9 :11pm  up 6 days,  5 :01,  5 users,  load average : 0.00, 0.00, 0.00
USER   TTY    FROM         LOGIN@   IDLE  JCPU  PCPU  WHAT
chief  pts/0  172.16.2.26  Mon10am  7 :20m 0.19s 0.04s telnet xxx.
xxx.150.39
hcjung pts/1  hcjung.kisa.or.k   5 :59pm 0.00s 0.11s 0.01s    w
root   pts/3    - Thu 3pm 5days 0.02s 0.02s    -sh
jys    pts/6  172.16.2.159    Thu 7pm 5days 0.15s 0.04s
sh   ./vetescan xxx.125.110.21
```

① lastcomm

② last

③ w

④ lastlog

설명

- w, who, finger 명령은 /var/adm/utmp에 있는 정보를 참조하여 현재 로그인한 사용자의 시스템 활동 내용을 요약하여 보여준다.

[정답 ③]

012 linux의 로그 파일 중 보안인증 관련 메시지 및 TCP Wrapper의 메시지 등 아래와 같은 로그를 가지는 로그 파일은?

> Apr 19 23 :23 :35 unsecure in.telnetd[645] : connect from 172.16.2.14
> Apr 19 23 :23 :41 unsecure login : LOGIN ON 2 BY hcjung FROM hcjung
> Apr 20 23 :24 :29 unsecure in.telnetd[1218] : refused connect from bluebird.a3sc.or.kr
> Apr 20 23 :25 :27 unsecure in.telnetd[1219] : connect from 172.16.2.161

① pacct
② access_log
③ secure
④ system log

설명

- /var/log/secure 로그는 인터넷 슈퍼데몬인 inetd 데몬에 의해서 생성되고 기록되는 로그 파일이다. 따라서 inetd 데몬이 관장하는 telnet, ftp, smtp, pop 등의 네트워크 서비스에 관한 기록이 기록된다. TCP Wrapper 역시 inetd 데몬을 이용하여 접근 통제를 수행하는 보안프로그램으로 관련된 로그는 secure 로그에 기록된다.

[정답 ③]

013 다음은 ProFTPD을 사용한 파일의 송수신 내역을 보여주는 로그 기록이다. 해당 로그 파일로 옳은 것은?

> Sat Apr 21 00 :53 :44 2001 1 sis.or.kr 14859 /tmp/statdx2.c a _ i r root ftp 1 root c
> Sat Apr 21 00 :54 :09 2001 1 sis.or.kr 821 /etc/passwd a _ o r root ftp 1 root c

① access_log
② xferlog
③ utmp
④ sulog log

설명
- /var/log/xferlog는 FTP 프로토콜 데몬인 ftpd가 관장하여 ftp 로그를 기록한다.

[정답 ②]

014 ( ) 안에 들어갈 명령어로 올바른 것은?

> 부팅 동안 시스템에 대한 정보를 보고 시스템에 로딩되거나 실패한 하드웨어 설정을 보려고 한다. 이때 스크롤 속도가 너무 빨라서 읽을 수 없다면 부팅 후에 ( )를 실행하면 된다.

① fsck
② dmesg
③ mount
④ format

설명

- dmesg 명령은 부팅과정 중에 화면에 출력되는 메시지를 다시 출력해 주는 명령어이다. 부팅과정 중의 화면 메시지는 /var/log/dmesg에 저장되어 있다. 한 화면에 모두 출력되지 않아 천천히 보기가 어렵다면, dmesg | more 명령으로 한 번에 한 화면씩 볼 수 있다.

[정답 ②]

015 다음 중 Windows 레지스트리 보안에 대한 설명으로 옳지 않은 것은?

① 레지스트리를 주기적으로 백업받아야 한다.
② 실행창에서 regedit32를 실행한 후 메뉴 중 보안을 선택하면 설정할 수 있다.
③ 레지스트리에는 윈도우에서 컴퓨터에 관한 구성이 저장되어 있다.
④ 윈도우의 세부적 세팅을 가능하게 하기 위해 모든 사용자가 접근 가능하게 해야 한다.

설명

- 레지스트리에는 windows나 응용프로그램에 관한 일반적인 설정뿐만 아니라 시스템상에 중요한 영향을 미치거나 보안상에 영향을 미치는 설정 등이 있으므로 일반적으로 관리자 그룹만이 접근 가능하도록 해야 한다.

[정답 ④]

016 pacct 로그는 사용자 로그인에서부터 로그아웃까지 사용한 명령어를 기록한다. 다음과 같은 접근 내역을 보여주는 명령어는?

```
lpd         F   root              0.08 secs Mon Sep 19   15 :06
date            hacker    ttyp7   0.02 secs Mon Sep 19   15 :06
sh              cenda     ttyp3   0.05 secs Mon Sep 19   15 :04
calculus    D   mtdog     ttyq8   0.95 secs Mon Sep 19   15 :09
more        X   urd       ttypf   0.14 secs Mon Sep 19   15 :03
mail        S   root      ttyp0   0.95 secs Mon Sep 19   15 :03
```

① pacctcomm

② lastcomm

③ last

④ w

> **설명**
>
> ■ lastcomm 명령은 /var/adm/pacct 의 내용을 참조하여 이전에 실행된 명령들에 대한 정보를 표시한다. lastcomm 명령을 실행하기 이전에 /usr/bin/acct/startup 명령을 수행하여야 한다.
>
> [정답 ②]

017 블록암호 모드 중 하나인 CBC에 대하여 안전성(Security), 효율성(Efficiency), 에러확산(Error Propagation) 측면에서 기술한 내용 중 틀린 것은 무엇인가?

① 안전성(Security) : 평문 패턴이 이전 암호문 블록과 XOR함으로써 없어진다.
② 안전성(Security) : 블록 암호에 입력이 이전 암호문 블록과 XOR함으로써 랜덤하게 된다.
③ 효율성(Efficiency) : 암호화 및 복호화에 대해 병렬 처리 가능하다.
④ 에러확산(Error propagation) : 암호문 에러는 평문의 한 블록과 다음 블록의 대응하는 비트에 영향을 준다.

설명

■ Cipher Block Chaining(암호블록 연쇄 모드)

구 분	CBC
안전성 (Security)	• 평문 패턴이 이전 암호문 블록과 XOR함으로써 없어짐 • 블록 암호에 입력이 이전 암호문 블록과 XOR함으로써 랜덤하게 됨 • 평문을 조작하기가 다소 어려움
효율성 (Efficiency)	• 속도가 블록 암호와 같음 • padding으로 인해 암호문이 평문보다 한 블록까지 더 커질 수 있음 • 전처리 불가능 • 암호화는 병렬 처리가 불가능하지만 복호화는 병렬 처리 가능
에러확산 (Error propagation)	• 암호문 에러는 평문의 한 블록과 다음 블록의 대응하는 비트에 영향을 줌

[정답 ③]

018 다음 중 해시함수(Hash Function)의 성질이 아닌 것은 무엇인가?

① 해시값을 고속으로 계산할 수 있다.
② 메시지가 다르면 해시값도 다르다.
③ 임의의 길이 메시지로부터 임의 길이의 해시값을 계산한다.
④ 일방향성을 갖는다.

> **설명**
>
> ■ 임의의 길이 메시지로부터 고정 길이의 해시값을 계산한다.
> → 해시함수는 어떠한 크기의 메시지라도 크기에 관계없이 입력으로 사용할 수 있어야 한다. 그리고 어떤 길이의 메시지를 입력으로 주더라도 짧은 해시값을 생성하지 않으면 의미가 없다. 이용의 편의성을 생각하면, 해시값은 짧고 고정 길이인 것이 바람직하다.
>
> [정답 ③]

019 다음 중 키를 사용한 해시함수(Hash Function)는 무엇인가?

| ㉠ MASH | ㉡ MAA |
| ㉢ MAC | ㉣ Whirlpool |

① ㉠, ㉡
② ㉡, ㉢
③ ㉢, ㉣
④ ㉣

설명

■ 해시함수(Hash Function) 분류

구 분	기 반	종 류
키가 없는 해시함수 (메시지만 사용)	블록 암호 기반	Whirlpool, MDC, Davies-Meyer, Matyas-Meyer-Oseas 등
	전용 해시함수	MD, SHA, RIPEMD, HAVAL, HAS-160 등
	모듈 연산 (압축 함수 기반)	MASH-1, MASH-2
키를 사용한 해시함수	블록 암호 기반	MAC
	해시함수 이용	HMAC
	전용 메시지 인증	MAA

[정답 ②]

020 DES(Data Encryption Standard)의 S1-Box에 '110011'을 입력했을 때의 출력 값을 고르시오.

⟨ S1-Box ⟩

	0	1	2	3	4	5	6	7	8	9	10	11	12	13	14	15
0	14	4	13	1	2	15	11	8	3	10	6	12	5	9	0	7
1	0	15	7	4	14	2	13	1	10	6	12	11	9	5	3	8
2	4	1	14	8	13	6	2	11	15	12	9	7	3	10	5	0
3	15	12	8	2	4	9	1	7	5	11	3	14	10	0	6	13

① 1011

② 1010

③ 0010

④ 1100

> **설명**
>
> - 6bit 입력 시 4Bit로 출력된다.
>   → 110011
>
>   첫 번째 1과 마지막 1로 행을 선택 : 2*1 + 1 = 3
>
>   두 번째 1부터 5번째 1까지 값으로 열을 선택 : 8*1 + 4*0 + 2*0 + 1 = 9
>
>   3행 9열의 값은 11이며, 이를 2진수로 변환하면 1011이다.
>
>   [정답 ①]

제 3 편

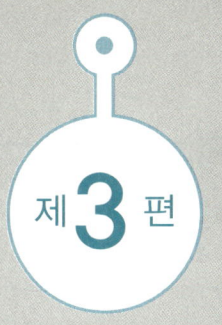

〈NCS 보안로그 분석 5수준〉

보안관제 운용

1, 2, 3급 공통

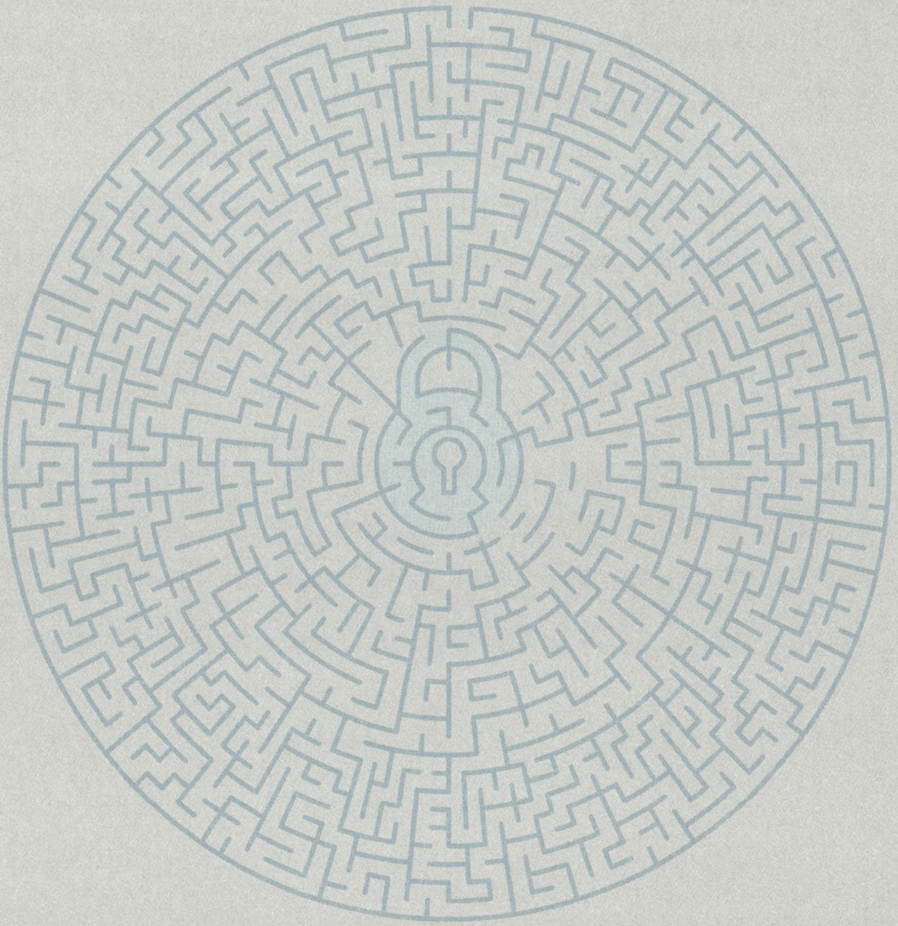

제3편　보안관제 운용

001 다음은 OSI 7 Layer에 대한 설명이다. 옳지 않은 것은?

① 물리 계층은 물리적 통신 매체를 통해 전달되는 구조화되지 않은 비트 스트림(bit stream)의 전송을 책임지며 허 브나 스위치 장비를 사용한다.
② 데이터링크 계층은 데이터 전송을 위한 기능적이고 절차적인 수단을 제공하고 물리 계층에서 발생할 수 있는 오류 검출 및 수정을 담당한다.
③ 세션 계층은 상위 계층의 개체 간 대화(Dialogue)를 맞추고 데이터 교환을 관리하는 논리적 연결(Logical Connection)을 확립하고 관리한다.
④ 표현 계층에서는 송신측 컴퓨터 내부에서 사용하는 형식으로 구성된 데이터를 전송하기에 적합한 형태로 인코딩(Encoding)한 후 수신측 컴퓨터에서 인식할 수 있는 형태로 디코딩(Decoding)하는 기능을 수행한다.

> 설명
>
> ■ 물리 계층에서는 허브나 리피터 장비를 사용한다. 스위치 및 브리지 장비는 데이터링크 계층에서 사용한다.
>
> [정답 ①]

002 다음은 네트워크 토폴로지(망구성 방식)에 대한 설명이다. 이 중 버스형에 해당하는 것만 고르시오.

> 가. 공통 배선에 각 노드가 연결된 형태로, 특정 노드의 신호가 케이블 전체에 전달되는 방식이다.
> 나. 노드의 끝에는 터미네이터를 부착한다.
> 다. 한 방향을 순차적으로 통신하고, 신호 증폭이 가능해 거리 제약이 적다.
> 라. 노드 수가 증가하면 트래픽이 증가해 네트워크 성능이 저하된다.

① 가, 나
② 나, 다, 라
③ 가, 나, 라
④ 다, 라

> **설명**
>
> ■ 버스형(Bus) : 버스라는 공통 배선에 각 노드가 연결된 형태로, 특정 노드의 신호가 케이블 전체에 전달되는 방식이고, 노드의 끝에는 터미네이터를 부착한다. 터미네이터를 붙이는 목적은 신호를 흡수함으로써 그들이 다시 반향되지 않도록 하는 데 있다. 이더넷 네트워크에는 버스 양단에 50 옴의 저항을 가진 터미네이터를 부착해야 하며, SCSI 체인에는 체인의 맨 끝에 한 개의 터미네이터를 부착해야 한다. 노드 수가 증가하면 트래픽이 증가해 네트워크 성능이 저하된다.
>
> [정답 ③]

003 다음은 무선랜 및 무선랜 보안에 대한 설명이다. 옳지 않은 것은?

① SSID를 숨김모드로 설정해 허가되지 않은 사용자들의 접근을 제한해야 한다.
② MAC을 사전에 등록하고 등록된 장비의 무선 접속을 허용한 경우, 공격자는 MAC 변조가 불가능해 공격에 안전하다.
③ 무선 AP에서 고정 IP와 MAC을 매핑해 사용하도록 설정해 접근통제를 강화한다
④ WIPS(Wireless Intrusion Prevention System) 구축을 통해서 무선랜 침입을 탐지하고 차단할 수 있다.

> **설명**
> - 접속을 허용하는 사용자의 단말기 MAC을 사전에 등록하고 등록된 장비 접속을 허용한다. 하지만 무선랜에 대한 도청을 통해 인가된 무선단말장치의 번호를 수집 후 비인가된 장치의 MAC을 변조해 접속을 시도하게 되는 위협이 존재하므로 추가적인 보안대책이 필요하다.
>
> [정답 ②]

004 다음은 OSI 7 Layer에 대한 설명이다. 옳지 않은 것은?

① 물리 계층에서 허브나 리피터 장비를 사용한다.
② 데이터링크 계층에서 브리지 장비를 사용한다.
③ 네트워크 계층에서 스위치 장비를 사용한다.
④ 트랜스포트(전송) 계층에서 게이트웨이 장비를 사용한다.

> **설명**
>
> [정답 ③]

005 다음 DRDOS(Distributed Reflection Dos) 설명 중 옳지 않은 것은?

① 일반적인 기본정책은 모든 트래픽을 차단하고 허용정책을 추가한다.
② 메일서버 운용시 SMTP 포트에 대해서는 인바운드, 아웃바운드 모든 트래픽을 허용한다.
③ 신뢰된 IP에서는 공격 트래픽이라도 허용이 되고, NAT 설정으로 IP를 효과적으로 사용 가능하다.
④ SSL 암호화 통신이라도 잘 알려진 XSS 공격패턴은 차단이 가능하다.

설명

- DRDOS의 특징은 다음과 같다.
  - IP 우회(조작, 위조)
  - 악성봇 불필요
  - 공격자 추적 불가능
  - 경유지 서버 목록 활용
  - TCP/IP 취약점을 이용
  - 공격 트래픽이 네트워크 경로를 타고 서버에서 패킷 전송

[정답 ①]

006 홈페이지 웹서버 구축에 따른 방화벽 정책을 설정하려고 한다. 다음 중 가장 불필요한 정책은?

순번	출발지 IP	출발지 PORT	목적지 IP	목적지 PORT	프로토콜	행위
1	ANY	ANY	192.168.30.200	80	TCP	ACCEPT
2	192.168.30.50	ANY	192.168.30.200	21	TCP	ACCEPT
3	10.29.30.152	ANY	192.168.30.200	21	TCP	ACCEPT
4	10.55.0.2	ANY	192.168.30.200	22	TCP	ACCEPT
5	10.30.1.88	ANY	ANY	22	TCP	DENY
6	ANY	ANY	192.168.30.200	443	TCP	ACCEPT
7	ANY	ANY	ANY	ANY	ALL	DENY

① 2번 정책

② 3번 정책

③ 4번 정책

④ 5번 정책

> **설명**
>
> ■ 방화벽 정책은 정책번호 순서대로 적용이 된다. 7번 정책은 모든 트래픽을 차단하는 정책이다. 5번 정책과 상관없이 1~6번 정책 중 허용되지 않은 모든 트래픽은 7번 정책에서 차단된다.
>
> [정답 ④]

007 다음은 IDS 로그에 대한 분석 및 IDS에 조치방안을 설명한 것이다. 이 중 틀린 것은?

날짜	시간	출발지 IP	출발지 PORT	목적지 IP	목적지 PORT	프로토콜	탐지명
2016-01-15	16:44:01	10.44.1.40	5565	192.168.70.22	80	TCP	BruteForce
2016-01-15	16:44:06	10.44.1.40	5565	192.168.70.22	80	TCP	BruteForce
2016-01-15	16:44:11	10.44.1.40	5565	192.168.70.22	80	TCP	BruteForce
2016-01-15	16:44:16	10.44.1.40	5565	192.168.70.22	80	TCP	BruteForce

① 임계치 이상으로 트래픽이 발생해 탐지되었다.
② 10.44.1.40 IP는 공격이 차단되지 않았다.
③ 오탐으로 확인될 경우 정책 수정이 필요하다.
④ 공격으로 확인될 경우 정책 수정 후 동일 공격 발생 시 차단이 가능하다.

> **설명**
> - 설정된 패턴과 일치할 경우만 알람이 발생하므로 주기적인 패턴 추가와 함께 로그분석을 통한 패턴 수정이 반드시 필요하다. 또 비정상 트래픽이 발생해 탐지되더라도 차단하는 기능은 없으므로 반드시 확인된 탐지로그에 대해서는 추가 보안 조치가 필요하다.
>
> [정답 ④]

008 IP address 203.252.108.0일 때, SubnetMask 255.255.255.128로 서브넷팅하면 서브넷과 호스트 개수는 각각 몇 개인가?

① 서브넷 1개, 호스트 254개
② 서브넷 6개, 호스트 128개
③ 서브넷 8개, 호스트 224개
④ 서브넷 2개, 호스트 128개

> 설명
> - 256-128=128로 호스트 개수는 128개이고, 256/128 = 2로 서브넷은 2개이다.
>
> [정답 ④]

009 다음 그림은 콜리전 도메인과 브로드캐스팅 도메인이다. 다음 중 옳은 것은?

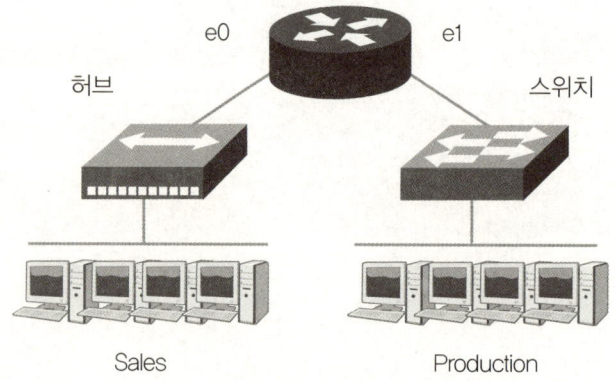

① 콜리전 도메인은 2개, 브로드캐스트 도메인은 6개
② 콜리전 도메인은 1개, 브로드캐스트 도메인은 9개
③ 콜리전 도메인은 6개, 브로드캐스트 도메인은 2개
④ 콜리전 도메인은 7개, 브로드캐스트 도메인은 7개

> **설명**
> - 라우터는 스위치의 기능도 하기 때문에, 그림에서 콜리전 도메인은 모든 연결선이 총 6개이므로, 콜리전 도메인은 6개이다. 브로드캐스트 도메인은 라우터에 연결된 선은 모두 브로드캐스트 도메인 개수이다. 원리를 다시 한 번 꼭 이해하기 바란다.
>
> [정답 ③]

010 웹메일서버 구축에 따른 방화벽 정책을 설정하려고 한다. 다음 중 잘못된 정책은?

순번	출발지 IP	출발지 PORT	목적지 IP	목적지 PORT	프로토콜	행위
1	ANY	ANY	192.168.90.50	25	TCP	ACCEPT
2	192.168.90.50	ANY	ANY	25	TCP	ACCEPT
3	ANY	ANY	192.168.90.50	80	TCP	ACCEPT
4	192.168.90.50	ANY	ANY	80	TCP	ACCEPT

① 1번 정책   ② 2번 정책
③ 3번 정책   ④ 4번 정책

> **설명**
>
> - 메일서버는 192.168.90.50 IP를 사용 중이다. SMTP(TCP 25번 PORT) 프로토콜을 이용해 메일을 송수신하므로 any에서 메일서버로 SMTP 접근 허용, 메일서버에서 any로 SMTP 접근이 허용되어야 한다. 4번 정책은 메일서버에서 80포트를 사용해 외부로 인터넷 접속이 가능한 것인데, 서버에서 불필요하게 인터넷을 사용한다면 악의적인 공격이나 악성코드 감염에 매우 위험하므로 잘못된 정책이다.
>
> [정답 ④]

011 다음은 IDS 로그를 보고 분석 및 조치한 내용이다. 가장 올바른 것은?

날짜	시간	출발지 IP	출발지 PORT	목적지 IP	목적지 PORT	프로토콜	탐지명
2016-01-16	8:23:10	10.9.20.20	10525	192.168.0.40	80	TCP	XSS
2016-01-16	8:23:29	10.9.20.20	10840	192.168.0.41	80	TCP	XSS
2016-01-16	8:24:01	10.32.0.60	3788	192.168.25.30	80	TCP	Syn flood
2016-01-16	8:32:00	10.40.8.5	7575	192.168.10.24	9000	TCP	SQL injection

① 탐지된 웹해킹공격은 설정된 공격 패턴과 일치하므로 모두 탐지되어 차단되었다.
② 탐지된 출발지 IP는 추가 공격을 막기 위해 모두 방화벽에서 차단시킨다.
③ 목적지 PORT 번호가 9000번이므로 SQL Injection은 오탐이다.
④ syn flood가 오탐으로 확인될 경우 임계치를 수정한다.

> **설명**
> - 설정된 패턴과 일치할 경우만 알람이 발생하므로 주기적인 패턴 추가와 함께 로그분석을 통한 패턴 수정이 반드시 필요하다. 또 비정상 트래픽이 발생해 탐지되더라도 차단하는 기능은 없으므로 반드시 확인된 탐지로그에 대해서는 추가 보안 조치가 필요하다.
>
> [정답 ④]

012 다음 IPS 로그를 보고 판단한 결과 중 옳은 것은?

날짜	시간	출발지 IP	출발지 PORT	목적지 IP	목적지 PORT	프로토콜	탐지명	행위	패턴
2016-01-25	8:01:30	10.20.5.71	5565	192.168.92.14	80	TCP	File download	BLOCK	/../../etc/passwd
2016-01-25	8:02:11	10.20.5.71	5568	192.168.92.14	80	TCP	File download	BLOCK	/../../etc/passwd

① 패스워드 파일 다운로드 공격을 시도했으나 성공여부는 알 수 없다.
② /../../../etc/passwd 패턴으로 공격 시 탐지할 수 없다.
③ 잘 알려진 공격 패턴이므로 오탐 가능성은 없다.
④ 근본적으로 소스코드에 취약점을 이용한 공격이다.

> **설명**
> - 해당 공격 패턴은 파일다운로드 공격으로 서버에 존재하는 중요파일에 ../../ 패턴을 이용해 상대경로로 접근하는 공격이다. 공격 성공시 공격자는 해당 파일을 열람할 수 있다.
>
> [정답 ④]

013 다음은 잘 알려진 포트번호에 대한 설명이다. 옳지 않은 것은?

① 포트는 인터넷이나 기타 다른 네트워크의 메시지가 호스트에 도착했을 때, 전달되어야 할 특정 프로세스를 인식하기 위한 방법이다.
② 170번 포트번호는 TFTP의 Well Known Port는 UDP 69이다.
③ SSH는 암호화 전송으로 22번을 사용한다.
④ SMB 프린터 공유는 UDP/445, 자원공유는 TCP/445 번호를 사용한다.

> **설명**
> - TFTP 프로토콜은 179번 포트를 사용한다. 포트는 인터넷이나 기타 네트워크의 메시지가 호스트에 도착했을 때, 전달되어야 할 특정 프로세스를 인식하기 위한 방법이다.
>
> [정답 ②]

014 다음은 Netstat 명령어에 대한 설명이다. 옳지 않은 것은?

① 열려져 있는 포트 및 서비스 중인 프로세스들의 상태 정보를 확인할 수 있다.
② netstat -n 옵션 명령은 주소 및 포트 번호를 숫자 형식으로 표시한다.
③ netstat -e 옵션 명령은 이더넷 통계를 표시한다.
④ netstat -s 옵션 명령은 기본값으로 UDP를 제외한 IP, ICMP, TCP에 관한 통계를 표시한다.

> **설명**
> - netstat -s 옵션 명령은 기본값으로 IP, IPv6, ICMP, ICMPv6, TCP, TCPv6, UDP 또는 UDPv6 에 관한 통계를 표시한다. 즉, UDP 및 TCP 관련 프로토콜 전체의 통계를 나타낸다.
>
> [정답 ④]

015 UDP Flooding 공격의 탐지 방법으로 거리가 먼 것은?

① 공격자가 보낸 패킷에서 UDP 통신을 분석한다.
② 대상 포트 번호를 확인해, 135, 137, 17번 UDP 포트 스캔이 아니면 UDP Flooding으로 간주한다.
③ 공격자가 보내는 패킷의 횟수를 카운트해 공격 인정 시간 내에 공격 인정 횟수이면 UDP공격으로 탐지한다.
④ 서버 간에서 발생되는 UDP 통신은 모두 차단한다.

> **설명**
> - 서버 간에서 발생되는 UDP 통신은 모두 차단하면, 정상 이용자의 통신을 차단할 수 있다.
>
> [정답 ④]

016 다음 지문에서 설명하는 내용은 spoofing 공격 중 어떤 공격에 해당하는가?

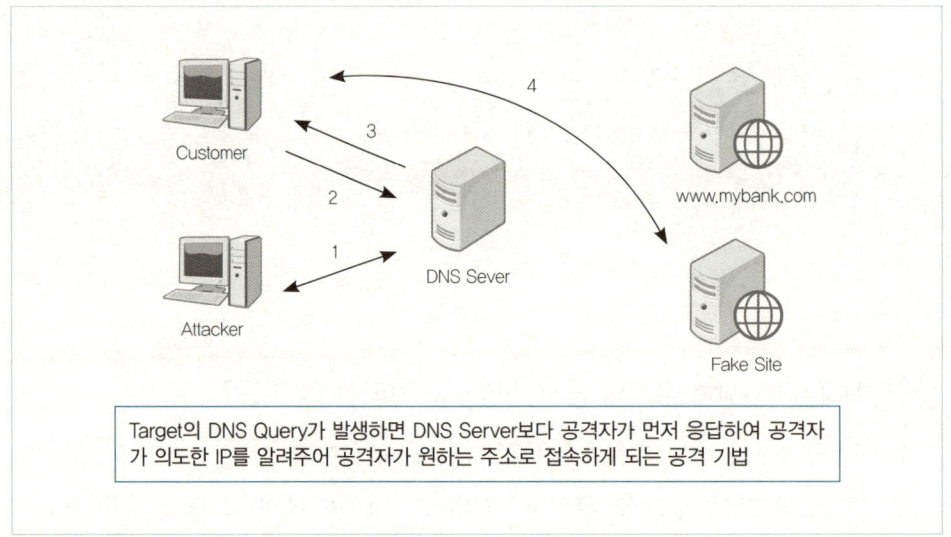

Target의 DNS Query가 발생하면 DNS Server보다 공격자가 먼저 응답하여 공격자가 의도한 IP를 알려주어 공격자가 원하는 주소로 접속하게 되는 공격 기법

① IP spoofing

② ARP spoofing

③ Session hijacking

④ DNS spoofing

> **설명**
> - DNS Spoofing은 Target의 DNS Query가 발생하면 DNS Server보다 공격자가 먼저 응답해 Attacker가 의도한 IP를 알려주어 공격자가 원하는 주소로 접속하게 하는 공격기법이다.
>
> [정답 ④]

017 IPS에 대한 설명 중 틀린 것은?

① 주기적인 패턴 업데이트가 필요하다.
② 오탐 가능성이 있으므로 로그분석 후 정책 수정이 필요하다.
③ 웹해킹 및 악성코드 감염을 예방할 수 있다.
④ 잘 알려진 공격은 패턴이 없어도 차단이 가능하다.

> **설명**
> - IPS(Intrusion Prevention System)란 공격 패턴을 기반으로 패턴과 일치하는 패킷에 대해서는 차단하는 보안 시스템이다. 주기적인 패턴 업데이트가 필요하며 정상 트래픽도 패턴과 일치할 경우 차단하므로 오탐 가능성이 있다. 웹해킹 및 악성코드에 대한 차단이 가능하고 패턴이 없다면 잘 알려진 공격도 차단이 불가능하다.
>
> [정답 ④]

018 운용 중인 홈페이지에서 관리자페이지 접근 시 차단할 IPS 정책을 설정하려고 한다. 잘못된 것은?

> 관리자페이지 주소 : http://www.myhome.net/jsp/admin/login.jsp

방향	행위	프로토콜	포트번호	패턴
IN	BLOCK	TCP	80	www.myhome.net/jsp/admin/login.jsp

① 방향
② 프로토콜
③ 포트번호
④ 패턴

설명

- 서버로 접근하는 트래픽에 대해 탐지할 것이므로 inbound 정책이고 행위는 차단이므로 block으로 설정하고 http이므로 TCP 80으로 설정한다.

- www.myhome.net/jsp/admin/login.jsp로 접속 시 http 패킷은 다음과 같이 전송된다. GET /jsp/admin/login.jsp HTTP/1.1 Host : www.myhome.net (이하 생략) 그러므로 탐지패턴을 www.myhome.net/jsp/admin/login.jsp로 만들 경우 탐지할 수 없으며 /jsp/ admin/login.jsp로 만든다.

[정답 ④]

019 방화벽 종류에 대한 설명으로 틀린 것은?

① Circuit Gateway 방화벽은 Session~Application Layer에서 동작하고, 내부의 IP주소를 숨기는 것은 불가하다.

② 패킷 필터링(Packet Filtering) 방화벽은 네트워크층(IP프로토콜)과 전송층(TCP프로토콜)에서 동작하고, 다른 방식에 비해 처리속도가 빠르다.

③ 하이브리드 방화벽은 Packet Filtering과 Application Gateway 방식의 혼합이다.

④ Application Gateway 방화벽은 방화벽의 Proxy를 이용한 연결이며, 전용 Gateway에 따른 어플리케이션의 유연성이 부족하다.

> **설명**
> - Circuit Gateway 방화벽은 Session~Application Layer에서 동작하고, 내부의 IP주소를 숨기는 것이 가능하다.
>
> [정답 ①]

020 다음은 솔루션 및 시스템에 대한 설명이다. 다음 중 옳지 않은 것은?

① DRM은 파일을 암호화하는 방식으로, 사내에서 만든 파일을 외부로의 유출은 얼마든지 가능하지만 유출되더라도 암호를 알지 못하면 열어볼 수 없다.
② DLP 데이터를 내보낼 때 쓰이는 모든 경로를 차단, USB 등의 매체 지원을 막아서 문서나 파일의 외부 유출 자체를 막는 방식이다.
③ NAC은 비인가 PC는 네트워크 사용을 차단하고, 일반적으로 PC에 설치된 OS 및 프로그램 정보들을 수집할 수 있다.
④ 역추적 시스템은 공격자의 네트워크상 실제 위치를 실시간으로 추적하는 기술이며, 호스트 기반 연결 역추적은 호스트에 역추적을 위한 모듈을 설치하지 않고 추적할 수 있다.

> **설명**
> ■ 호스트 기반 연결 역추적은 호스트에 역추적을 위한 모듈을 설치해야 하며, 네트워크 기반 역추적 또한 네트워크상의 모든 호스트에 역추적 모듈이 설치되어 있어야 한다는 단점이 있다.
>
> [정답 ④]

제 4 편

⟨NCS 침해사고 분석 6수준⟩

취약점 진단 기술

1, 2급 공통

제4편 취약점 진단 기술

001 다음 중 유닉스 시스템에 대한 취약점 점검 항목의 설명으로 잘못된 것은?

① 패스워드 복잡성 설정
② /etc/passwd 파일 소유자 및 권한 설정
③ Apache 웹 프로세스 권한 제한
④ IIS 서비스 구동 점검

> **설명**
>
> ■ IIS 서비스는 윈도우 시스템에서 제공하는 서비스이다.
>   → Web, FTP 등의 서비스를 제공해주는 유용한 서비스이나 프로파일링, 서비스 거부, 불법적인 접근, 임의의 코드실행, 정보 공개, 바이러스, 웜, 트로이목마 등의 위협에 노출될 수 있다.
>
> [정답 ④]

002 다음은 UNIX 시스템은 패스워드 보호를 위한 설명이다. 옳지 않은 것은?

① 패스워드 저장 파일은 오직 root만이 확인 가능하도록 하는 것이 안전하다.
② 패스워드 보호를 위하여 /etc/passwd 파일에 암호화하여 저장하는 것이 안전하다.
③ 패스워드 보호를 위하여 /etc/shadow 파일에 저장하는 것이 안전하다.
④ 패스워드 정보를 읽어야 하는 모든 유틸리티들이 셰도 패스워드를 지원하도록 제대로 리컴파일되었는지 확인해야 한다.

> **설명**
>
> ■ 패스워드 파일 보호
> → 섀도 패스워드는 암호화되어 있는 패스워드 정보를 일반 사용자들로부터 비밀로 유지하기 위한 한 가지 방법이다. 누구라도 이 파일을 패스워드를 추측해 내는 프로그램에 돌려서 패스워드를 알아내려고 할 수 있어 보안에 취약한 반면에 섀도 패스워드는 특별 권한이 있는 사용자들만 읽을 수 있도록 패스워드에 대한 정보를 /etc/shadow 파일에 저장한다. 섀도 패스워드를 사용하려면, 패스워드 정보를 읽어야 하는 모든 유틸리티들이 섀도 패스워드를 지원하도록 제대로 리컴파일되었는지 확인해야 한다.
>
> [정답 ②]

003 다음은 UNIX 서버의 /etc/shadow 파일의 내용이다. 다음 중 옳지 않은 것은?

```
( ① ):패스워드:( ② ):(③).:(④):warning:inactive:expire:flag
1.     2.      3.      4.     5.       6.        7.       8.      9.
```

① 로그인ID

② 최종 로그인

③ 패스워드 최소 사용기간

④ 패스워드 최대 사용 기간

> **설명**
>
> ■ /etc/shadow 파일의 내용
>
> → [root@unix /]#more /etc/shadow 명령으로 확인
>
> 로그인ID : 패스워드 : 최종변경일 : min. : max : warning : inactive : expire : flag
>   1.   2.   3.   4.   5.   6.   7.   8.   9.
>
> [정답 ②]

004 RPC 서비스의 취약점을 이용한 공격을 통하여 관리자의 권한을 획득을 방지하기 위하여 제한해야 하는 rpc 서비스에 해당하지 않는 것을 고르시오.

① sadmind

② rpc.rusersd

③ exec

④ share

> **설명**
>
> - RPC 서비스의 취약점을 이용한 공격을 통하여 관리자의 권한을 획득하게 된다. 아래 나열되어 있는 서비스 목록은 원격 버퍼오버프로우 취약점 및 인증을 거치지 않아 원격에서 시스템에 접속을 가능하게 해주는 서비스로 취약점이 다수 존재하여 공격에 이용되는 될 수 있다.
> - sadmind, rpc.rwalld, rpc.rusersd, rpc.cmsd, rpc.rexd, rquotad rpc.ttdbserverd, rpc.rstatd, rpc.sprayd, shell, login, exec, talk, time discard, chargen, printer, uucp, echo, daytime, dtscpd, finger
>
> [정답 ④]

005 UNIX 서버의 보안 취약점 점검을 위한 내용이다. 다음 내용 중 잘못된 내용을 고르시오.

① SUID, SGID, Sticky bit 설정 파일 점검
② /dev에 존재하지 않는 device 파일 점검
③ $HOME/.rhosts, hosts.equiv 사용 설정
④ root 홈, 패스 디렉터리 권한 및 패스 설정

> **설명**
>
> - $HOME/.rhosts, hosts.equiv 사용 금지
>   → rlogin, rsh, rcp 는 패스워드를 입력하지 않고 원격서버로 신뢰받는 원격로그인을 하기 위한 명령어이다. 이와 같이 원격에서 수행되는 명령어들을 원격명령어, r-commands라고 하는데 이들 명령어들이 모두 원격에서 신뢰된 로그인 또는 접근을 할 수 있기 위해서는 접근할 원격서버의 /etc/hosts.equiv 또는 홈디렉터리내에 있는 .rhosts파일의 접근허용설정이 있어야 정상적인 수행이 된다.
> - 따라서 rlogin과 함께 rsh, rcp등의 명령어 사용 시에는 /etc/hosts.equiv, 그리고 홈디렉터리내에 있는 .rhosts파일의 설정을 확인해야 하고, 이들 명령어들은 모두 원격에서 패스워드 인증과정 없이 바로 실행이 될 수 있기 때문에 서버자체의 보안도 고려하여야 한다.
>
> [정답 ③]

006 접속 IP 및 포트 제한 기능을 수행하는 TCP Wrapper에 대한 설명이다. 다음 중 옳지 않은 것은?

① /etc/hosts.allow 파일에 허용할 호스트를 설정한다.
② /etc/hosts.deny 파일에 거부할 호스트를 설정한다.
③ /etc/hosts.allow 파일에 in.telnetd :192.168.100 으로 설정 시 192.168.100.1 에 대한 telnet 서비스를 허용한다.
④ TCP Wrapper는 패킷 암호화를 제공한다.

> **설명**
>
> - 접속 IP 및 포트 제한
>   → 원격지에서 서버를 관리하려면 안전하고 통제가 가능한 접속 방법을 찾는 것이 중요한데, TCP Wrapper 프로토콜이 사용된다. TCP Wrapper는 암호화는 지원하지 않지만 서버와 로그로의 외부 접근을 제한 할 수 있는 특징이 있다.
> - 1. .#/etc/hosts.allow 〈예문〉
>   in.telnetd :192.168.100.100 , 192.168.100.101
>   (192.168.100.100 와 192.168.100.101 IP에 대해서 telnet 접속 허용)
>   in.telnetd :192.168.100
>   (192.168.100.0 ~ 255 네트워크에 대해서 telnet 접속 허용)
>   in.ftpd :192.168.100.100
>   (192.168.100.100 에 대해서 ftp 접속을 허용)
>   2.#etc/hosts.deny 〈예문〉
>   ALL:ALL (inetd 서비스의 모든 서비스에 대해 접속 거부)
>
> [정답 ④]

007 예약작업을 위한 cron 파일에 대한 설명으로 옳은 것을 고르시오.

① /var/spool/cron/cron 디렉터리 밑의 파일에 유저 별로 작업 내용을 저장한다.
② /etc/cron.d/cron.allow 파일에는 허용하는 계정을 설정한다.
③ /etc/cron.d/crontabs.deny 파일에는 거부하는 계정을 설정한다.
④ cron.deny 파일이 존재하면 cron.allow 파일은 유효성이 없다

> **설명**
>
> - cron 파일 소유자 및 권한설정
>   → crontab은 멀티 시스템 환경하의 규칙적인 작업에 주로 사용되며 /var/spool/cron/crontabs 디렉터리 밑의 파일에 유저 별로 작업 내용을 저장. 데몬은 /etc/cron.d/cron.allow과 /etc/cron.d/cron.deny 파일들에 의해 엑세스 컨트롤 된다. 침입자는 보통 cron과 at 명령으로 수행되는 파일들에 백도어 프로그램을 남겨둠으로 이러한 프로그램으로 수행되는 파일들은 쓰기 금지로 설정해야한다.
> - cron을 허용하는 계정의 목록은 cron.allow 파일, cron을 허용하지 않는 계정의 목록, cron.deny 파일이 있으며 만약 cron.allow 파일이 존재하면 cron.deny 파일은 유효성이 없다. cron. deny 파일은 그 안에 포함된 계정으로 하여금 cron 명령을 수행하지 못하도록 한다.
>   - 위협 영향 : 불법적인 예약 파일 실행으로 시스템 피해
>
> [정답 ②]

008 윈도우 보안정책 설정을 위한 로컬 보안 정책(SECPOL.MSC)에서 여러 가지 보안 설정을 한다. 다음 중 로컬 보안 정책(SECPOL.MSC)에서 설정할 수 없는 것은?

① 콘솔 로그온 시 로컬 계정에서 빈 암호 사용 제한
② 관리자 그룹에 최소한의 사용자 포함
③ 익명 SID/이름 변환 허용
④ 로컬 로그온 허용

> **설명**
>
> - 관리자 그룹에 최소한의 사용자 포함
>   → 일반적으로 관리자를 위한 계정과 일반 사용자들을 위한 계정을 분리하여 사용하는 것이 바람직하며 만일 시스템 관리자라면 두 개의 계정을 가지는 것이 좋다. 하나는 관리업무를 위한 것이고, 다른 하나는 일반적인 업무를 하기 위한 것으로 생성한다. 예를 들어 일반사용자 권한으로부터 활성화된 바이러스에 비해 관리자 권한을 가진 계정으로부터 활성화된 바이러스라면 시스템에 훨씬 많은 피해를 줄 수 있다.
> - 시작〉실행〉LUSRMGR.MSC〉그룹〉Administrators〉속성에서 확인
>
> [정답 ②]

009 보안 강화를 위한 윈도우 서버에 대한 계정관리 설정 중 잘못된 내용을 고르시오.

① 윈도우 서버의 기본 계정인 Administrator 계정을 변경하여 사용
② GUEST 계정 비활성화
③ 불필요한 계정제거
④ 마지막 사용자 이름 표시

> **설명**
>
> - 마지막 사용자 이름 표시 안 함
>   → 컴퓨터에 마지막으로 로그온한 사용자의 이름을 Windows 로그온 대화 상자에 표시할지 여부를 결정함. 실제로 콘솔에 액세스할 수 있는 사용자 또는 터미널 서비스를 통해 서버에 연결할 수 있는 사용자 등 콘솔에 액세스할 수 있는 공격자는 서버에 마지막으로 로그온한 사용자의 이름을 볼 수 있으며 공격자는 암호를 추측하거나 무작위 공격을 통해 로그온을 시도할 수 있다.

- 1. 시작〉실행〉SECPOL.MSC〉로컬정책〉보안옵션
- 2. "마지막 사용자 이름 표시 안 함"을 사용으로 설정

[정답 ④]

010 보안 취약점 조치를 위한 윈도우 서버의 계정 설정 내용 중 옳은 것을 고르시오.

① 최근 암호를 기억하지 않도록 설정
② 로컬 로그인 시 로컬 계정에서 빈 암호 사용 설정
③ 익명 SID/이름 변환 허용 사용 설정
④ 해독 가능한 암호화를 사용하여 암호 저장 사용 안 함 설정

설명

- 해독 가능한 암호화를 사용하여 암호 저장
  → 이 정책을 사용하면 인증을 위해 사용자 암호를 알아야 하는 응용 프로그램 프로토콜이 지원되지만 해독 가능한 방식으로 저장되는 암호는 해독할 수 있기 때문에 이 암호화를 공격할 수 있는 공격자가 노출된 계정을 사용하여 네트워크 리소스에 로그온 할 수 있다.
- 시작〉실행〉SECPOL.MSC〉계정 정책〉암호정책에서 확인
  해독 가능한 암호화를 사용하여 암호 저장 -〉 사용 안 함

[정답 ④]

011 윈도우 서버에서 공유 권한 및 사용자 그룹 설정을 하기위한 항목으로 옳은 것을 고르시오.

① 시작 〉 실행 〉 FSMGMT.MSC 〉 공유
② 시작 〉 실행 〉 SECPOL.MSC 〉 로컬 정책 〉 공유
③ 시작 〉 실행 〉 LUSRMGR.MSC 〉 공유
④ 시작 〉 실행 〉 SERVICES.MSC 〉 공유

> **설명**
>
> ■ 공유 권한 및 사용자 그룹 설정
>   → 디폴트 공유인 C$, D$, Admin$, IPC$ 등을 제외한 공유폴더를 everyone 그룹으로 공유가 금지되었는지 여부를 점검한다. Everyone이 공유계정에 포함 되어 있을 경우 익명 사용자의 접근이 가능하므로 접근을 확인하여 제어하게 되면 익명사용자에 의한 접근을 차단 할 수 있다.
>
> ■ 1. 시작 〉 실행 〉 FSMGMT.MSC 〉 공유
>   2. 사용 권한에서 Everyone 으로 된 공유를 제거하고 접근이 필요한 계정의 적절한 권한을 추가
>
> [정답 ①]

012 다음은 윈도우 서버의 취약점 점검항목이다. 옳지 않은 것은?

① Finger 서비스 비활성화
② 공유 권한 및 사용자 그룹 설정
③ FTP 서비스 구동 점검
④ FTP 디렉터리 접근권한 설정

> **설명**
>
> ■ finger 서비스 비활성화
>   → UNIX 서버에서 finger(사용자정보 확인 서비스)를 통해서 네트워크 외부에서 해당 ip를 사용하는 사용자의 개인 정보 등을 확인할 수도 있으므로, 사용하지 않는다면 비활성화 시켜야 한다.
> ■ /etc/inetd.conf에서 Finger 서비스에 주석처리(#)를 하여 해당 서비스를 비활성화 시켜 놓는다.
>
> [정답 ①]

013 보안장비의 취약점을 제거하기 위한 취약점 보완조치를 실시하였다. 다음 중 옳지 않은 것은?

① 보안장비의 계정 유추를 방지하기 위하여 Default 계정을 변경하였다.
② 보안장비는 계정 별 권한을 부여하여 설정권한을 부여하였다.
③ 보안장비의 로그는 로컬 시스템에 저장하도록 설정하였다.
④ 원격에서 접속할 수 있는 IP를 관리자 IP로 한정하여 설정하였다.

> **설명**
>
> - 원격 로그서버 사용
>   → 로그에는 장비의 이상이나 침입흔적이 남아 있을 수 있기 때문에 별도의 로그 분석 시스템에서 장비의 로그를 모으고 분석해야 하는데 Syslog 로깅을 활용함 이런 기능을 사용할 수 있다. 장비와 네트워크 관리에 있어 로그(log)는 아주 중요한 위치를 차지하는 것으로, 일반적으로 각 장비의 로그를 개별적으로 저장하지 않고 별도의 로그 서버로 한 곳에서 통합 관리할 것을 권장한다.
> - 보안장비 로그 설정 메뉴에서 syslog 설정 확인
>
> [정답 ③]

014 방화벽 정책 설정 내용 중 옳지 않은 것은?

① 웹 서버에 접속하는 외부 모든 IP에 대하여 tcp 80번 port를 open하였다.
② 내부 사용자는 외부 모든 IP 모든 port를 open 하였다.
③ DNS 서비스를 위하여 TCP, UDP 53번 port를 open 하였다.
④ 웹 서버는 DMZ 구간에 배치하였다.

> **설명**
>
> - 정책 관리
>   → 표준 절차와 지침이 필요. 관리자 마다 자신의 관리 방법을 적용한다면 그 침입차단시스템의 정책은 다양한 버전이 존재하고 관리자가 퇴사하거나 팀을 옮기게 될 경우, 이는 침입차단 시스템의 정책 보안성에 심각한 문제를 발생할 수 있으므로 관리자에 따라서 개별적인 정책 관리 방법이 존재하지 않도록 표준적인 정책 관리와 지침이 필요하다.

> ■ 유해 트래픽은 정상적인 네트워크 운용 및 서비스에 지장을 주는 악의적인 공격성 패킷과 바이러스 패킷으로, 망 운영에 치명적인 장애를 유발하며 동시 다발적인 급속한 확산이 특징이다. 유해 트래픽의 위험성은 지속적인 증가 추세이며 트래픽 관리는 망운용에 필수적인 요소로 부각되고 있다.
>
> [정답 ②]

015 보안 강화를 위하여 DMZ 구간을 구성하였다. 다음 중 DMZ 구간에 위치하면 안되는 시스템은 무엇인가?

① 웹 서버
② DNS 서버
③ 공개용 FTP서버
④ DB서버

설명

> ■ DMZ 설정
> → 컴퓨터 보안에서의 비무장지대(Demilitarized zone, DMZ)는 조직의 내부 네트워크와 (일반적으로 인터넷인) 외부 네트워크 사이에 위치한 서브넷이다. 내부 네트워크와 외부 네트워크가 DMZ로 연결할 수 있도록 허용하면서도, DMZ 내의 컴퓨터는 오직 외부 네트워크에만 연결할 수 있도록 한다는 점이다.
> ■ 즉 DMZ 안에 있는 호스트들은 내부 네트워크로 연결할 수 없다. 이것은 DMZ에 있는 호스트들이 외부 네트워크로 서비스를 제공하면서 DMZ 안의 호스트의 침입으로부터 내부 네트워크를 보호한다.

- 개인정보 등 중요 정보를 저장하는 DB서버는 내부의 별도 네트워크로 구성하여야 한다.

[정답 ④]

016 CISCO 라우터에서 로그 저장을 위한 로깅기능 설정 내용이다. 다음 중 옳지 않은 것은?

① 콘솔 로깅
② AUX 로깅
③ Terminal 로깅
④ Buffered 로깅

설명

- 정책에 따른 로깅 설정
  → 라우터에서의 로깅은 여러 가지 장점을 가져다준다. 로그 정보를 사용함으로써 관리자는 라우터가 제대로 작동하는지의 여부와 라우터가 손상되었는지의 여부를 파악할 수 있다. 어떤 경우에는 라우터나 보안 네트워크에 어떤 종류의 침입이나 공격이 진행되고 있는지 알 수 있다. 로깅에 관해 기억해야 할 사항 중 중요한 것은 로그를 정기적으로 조사해야 한다는 것이다. 로그를 정기적으로 검사함으로써, 해당 네트워크의 동향을 파악할 수 있다. 정상적 운영상태 및 그 상태가 로그에 반영되어 있음을 확인함으로써 비정상적인 상태 또는 공격 상태를 식별할 수 있다.

- 콘솔 로깅
  콘솔 로그 메시지는 오직 콘솔 포트에서만 보인다. 따라서 이 로그를 보기 위해서는 반드시 콘솔 포트에 연결하여야 한다.

- Buffered 로깅
  Buffered 로깅은 로그를 라우터의 RAM에 저장한다. 로깅 버퍼가 라우터에 설정되어 있어야 하며 이 버퍼가 가득 차게 되면 오래된 로그는 자동으로 새로운 로그에 의해 대체되게된다.

- Terminal 로깅
  terminal monitor 명령을 사용하여 로깅을 설정하면 라우터에서 발생하는 로그메시지를 VTY terminal에 보내게 된다.

- Syslog
  시스코 라우터는 라우터의 로그 메시지가 외부의 syslog 서버에 저장되도록 설정할 수 있다.

- SNMP traps
  SNMP trap이 설정되면 SNMP는 특별한 상황을 외부의 SNMP 서버에 전송하도록 설정될 수 있다.

- ACL 침입 로깅
  표준 또는 확장된 액세스 리스트를 설정할 때 특정한 룰에 매칭됐을 경우 해당하는 패킷 정보를 로그에 남기도록 설정할 수 있는데, 이는 액세스 리스트 룰의 끝에 로그나 로그 인풋을 추가하기만 하면 된다. 로그 인풋은 로그와는 달리 인터페이스 정보도 함께 남기게 되므로 어떤 인터페이스를 통해 로그가 남았는지를 알 수 있다.

[정답 ②]

017 웹 취약점 점검 툴인 Acunetix Web Vulnerability Scanner에 대한 기능 중 잘못된 내용을 고르시오.

① 웹 어플리케이션 자동화 취약점 진단
② LDAP Authentication (on-premise only)
③ Blind SQL Injector 기능 제공
④ HTTP Editor 패킷 편집 기능 제공

> **설명**
>
> - Acunetix Web Vulnerability Scanner
>   → 상용 웹 취약점 스캐너로써 2005년 6월에 처음 발표된 이후 지금까지 지속적으로 개발되어 현재 가장 많이 사용되는 상용 웹 취약점 스캐너 중 하나. 자동으로 웹 사이트에 대한 취약점을 스캔 할 수 있는 환경을 제공하며, 웹 응용프로그램뿐만 아니라 웹 서버도 검색할 수 있으며, 취약점을 발견했을 때 공격 코드를 입력할 수 있다.
> - 웹 어플리케이션 자동화 취약점 진단
>   OWASP top 10, SANS top 8 기반 취약점 진단
>   Site Crawling 기능 제공
>   Acusensor를 활용한 정밀 취약점 진단 가능
>   웹 취약점 발견 시 취약점 리포팅 수행
>   HTTP Editor 패킷 편집 기능 제공
>   HTTP Fuzzer 기능 제공
>   Admin page cracker 기능 제공
>   Blind SQL Injector 기능 제공
>   Subdomain Scanner 기능 제공
>
> [정답 ②]

018 다음은 OWASP Top 10 2017의 내용이다. 옳지 않은 것은?

① 인젝션
② 크로스 사이트 스크립팅(XSS)
③ 세션 예측
④ 취약한 직접 객체 참조

> **설명**
>
> - OWASP Top 10 2017
>   → 웹어플리케이션을 중심으로 공격 빈도가 가장 많이 발생하고, 보안상 크게 영향을 줄 수 있는 상위 10가지 항목을 3년 단위로 업데이트 하고 있다.
>
> - A1 – 인젝션
>   A2 – 취약한 인증
>   A3 – 민감한 데이터 노출
>   A4 – XML 외부 개체(XXE)
>   A5 – 취약한 접근 통제
>   A6 – 잘못된 보안 구성
>   A7 – 크로스 사이트 스크립팅(XSS)
>   A8 – 안전하지 않은 역직렬화
>   A9 – 알려진 취약점이 있는 컴포넌트 사용
>   A10 – 불충분한 로깅 및 모니터링
>
> [정답 ③]

019
다음은 JAVA환경에서 웹 취약점에 대한 조치 방안이다. 어떤 공격을 방어하기 위한 설정인지 답하시오.

```
1 : // 서버로 전달된 게시판 내용(content)을 ckeckContent 변수에 저장
2 : String checkContent = request.getParameter("content");
3 : // 게시판 내용이 존재할 경우
4 : if ( checkContent != null ) {
5 : // HTML 태그가 실행되지 않도록 문자열 치환
6 : checkContent = checkContent.replaceAll("<", "&lt;");
7 : checkContent = checkContent.replaceAll(">", "&gt;");
8 : … …
9 : // 허용할 HTML 태그만 실행 가능하도록 변경
10 : checkContent = checkContent.replaceAll("&lt;P&gt;", "<P>");
11 : }
12 : else { … … }
```

① 크로스 사이트 스크립팅(XSS)

② 약한 문자열 강도

③ 불충분한 인증 및 인가

④ 취약한 패스워드 복구

> **설명**
>
> - 크로스 사이트 스크립팅(XSS)
>   → 웹 어플리케이션에서 사용자 입력 값에 대한 필터링이 제대로 이루어지지 않을 경우, 공격자가 입력이 가능한 폼(웹 브라우저 주소입력 또는 게시판 등)에 악의적인 스크립트를 삽입하여 사용자 세션 도용, 악성코드를 유포할 수 있는 취약점
> - JAVA의 내장 함수인 replaceAll 메소드를 이용하여 "〈", "〉"와 같이 HTML 태그 실행에 사용되는 문자열을 치환하여 공격자가 삽입한 악의적인 스크립트가 실행되지 않도록 설정해야 함.
>
> [정답 ①]

020 모의훈련을 위한 침투 테스트 방법 중 다음에서 설명하고 있는 테스트 방법은 무엇인가?

> 해당 검사는 Pentester도 정보를 알지 못하지만 검사 대상 역시 모의해킹 테스트를 진행한다는 사실을 알지 못하고 실제 환경에 가장 근접한 테스트이다. 다만 짧은 시간 안에 결과를 도출하기가 어려우며 프로젝트 기간이 길어질 수 있다. 프로젝트 기간은 비용과 연관되어 있으므로 비용대비 성과를 충분히 고려하고 선택해야 한다.

① Duble Blind Test
② White Box Test
③ Blind Test
④ Grey Box Test

> **설명**

- 침투 테스트 종류
  → 침투 테스트에는 White Box Test(내부에서 내부 환경 지식을 토대로 테스트), Black Box Test(외부 환경에서 테스트를 시도), Gray Box Test(White Box Test와 Black Box Test 방식을 혼합하여 테스트)하는 것으로 나누어진다.
- Blind Test : 검사 대상에 대한 정보 없이 수행한다. 또한 수행 시에 미리 검사 대상에 통보하고 수행한다. 미리 통지한다는 윤리적 측면 때문에 많이 사용되고 있다.
- Double Blind Test(Black Box Test) : 해당 검사는 Pentester도 정보를 알지 못하지만 검사 대상 역시 모의해킹테스트를 진행한다는 사실을 알지 못하고 실제 환경에 가장 근접한 테스트이다. 다만 짧은 시간 안에 결과를 도출하기가 어려우며 프로젝트 기간이 길어질 수 있다. 프로젝트 기간은 비용과 연관되어 있으므로 비용대비 성과를 충분히 고려하고 선택해야 한다.
- Gray Box Test : Pentester 는 제한적인 지식을 제공받는다. 예를 들면 취약점 점검 결과를 넘겨 받거나 실제 수행 할 수 있게끔 기회를 받는다. 해당 테스트 역시 모의해킹을 시작하기 전 검사 대상에 미리 통보를 한다.
- Double Grey Box Test(White Box Test) : 감사의 시간이 제한되어 있고 채널과 벡터는 테스트하지 않는 점이 그레이 박스 테스트와 다른 점이다.
- Tandem Test : tandem 테스트의 핵심은 Pentester 가 모든 결과 값을 볼 수 있다는 것이다. 검사 대상 역시 테스트 수행 전에 통보를 받는다. 해킹이 가능한 취약점을 다 확인 해볼 수 있다. 가장 이상적인 결과를 제출할 수 있다. Crystal box Test 가 그 예이다.
- Reversal Test : Pentester 가 모든 정보를 알고 있지만 검사 대상은 검사가 실시된다는 사실을 모르게 된다. Red Team 테스트가 그 예이다.

[정답 ①]

MEMO

제 5 편

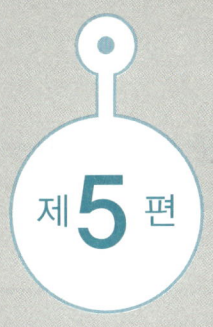

〈NCS 침해사고 분석 5수준〉

침해사고 분석 기술

1급

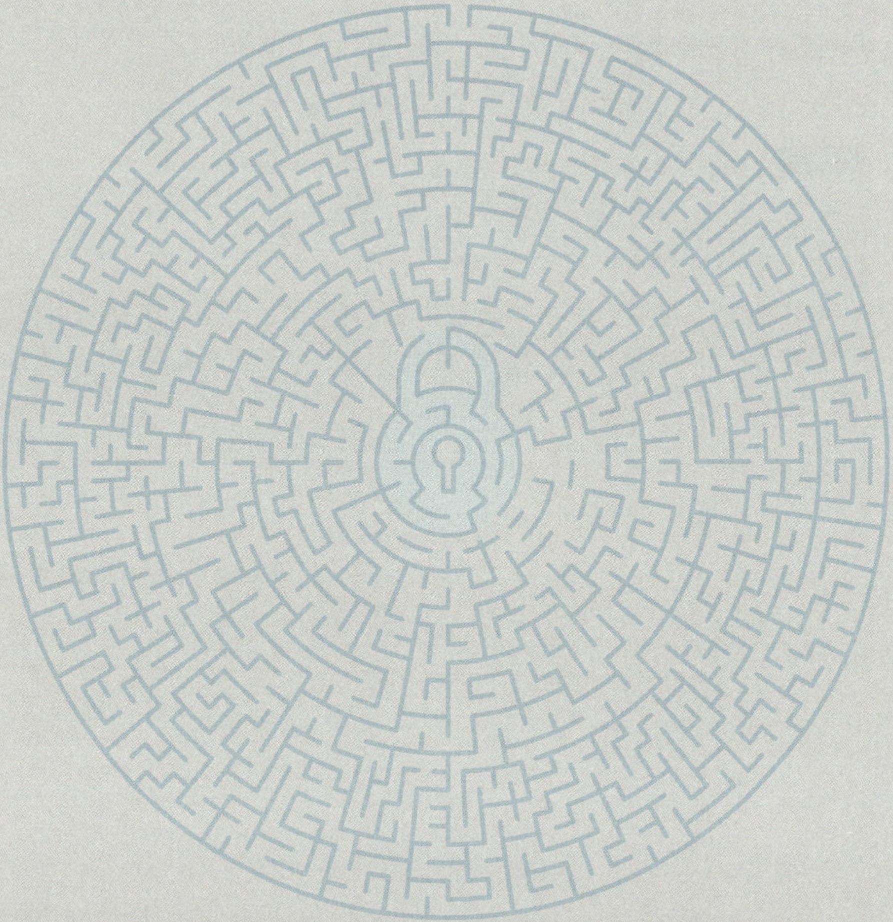

제5편 침해사고 분석 기술

001 다음 중 일반적인 침해사고의 유형에 해당하지 않는 것은?

① 서비스거부(DDoS) 공격
② 해킹메일 유포
③ 파일 삭제
④ 비인가 접근시도

설명

- 파일 삭제는 침해사고의 유형이 아니다.
  → 침해사고의 유형
- 침해사고 유형에는 서비스 거부공격, 해킹메일 유포, 홈페이지 공격, 악성코드 감염, 비인가 접근시도, 중요정보 훼손 및 유출, 기타 등 크게 7가지로 분류할 수 있다.

공격유형	공격명	공격 내용
서비스 거부(DDoS) 공격	Flooding공격, 웹서버 자원고갈공격, 응용서버 자원고갈공격	네트워크 회선, 서버 자원을 고갈시켜 정상적인 서비스를 하지 못하도록 하는 공격
해킹메일 유포	스팸메일공격, 악성코드 첨부파일 유포	발신자를 위조하여 메일 열람 시 악성행위가 실행되도록 하거나 첨부파일을 통해 악성파일을 유포
홈페이지 공격	Buffer Overflow, SQL injection, XSS 공격, 보안설정 오류, 파일 업로드 등	서버 취약점 및 홈페이지 취약점을 악용한 공격이나 취약점을 이용한 권한 획득
악성코드 감염	웜·바이러스, 트로이목마, 스파이웨어, 애드웨어 등	대상 시스템에 침투하여 악성코드를 감염시킨 후 시스템파괴, 원격제어 및 추가 감염확산을 시키는 공격
비인가 접근시도	각종 포트 스캐닝, 비인가 포트 및 웹페이지 접근시도	대상 네트워크나 시스템의 취약점을 수집하기 위한 정보수집공격
중요정보 훼손 및 유출	트로이목마 등의 악성코드에 의한 중요정보 탈취	악성코드에 의한 서버 및 PC의 중요정보를 공격자의 서버 등으로 전송/유출
기타	물리적 보안 취약, 사회공학적 기법 활용 등	시스템 피해가 목적이 아닌 시위나 사기, 명예훼손 등을 위한 공격, 또는 위 항목에 정의되지 않는 공격유형

[정답 ③]

002 다음은 침해사고 분석방법에 따른 분류 설명이다. 옳지 않은 것은?

① 초기 분석 : 실행파일 압축(Packing) 여부를 확인하는 방법
② 동적 분석 : 파일을 실행시켜서 어떠한 행위가 일어나는지, 즉 어떤 사이트로 접속하고 어떤 악성코드 파일을 다운로드하고 생성하는 지를 확인하는 분석 방법
③ 정적 분석 : 악성코드 파일을 디스어셈블하여 아주 세부적인 동작을 분석하는 단계로 실행파일만을 가지고 프로그램의 구조를 역분석하는 방법
④ 동적 분석 : 수집된 악성코드를 맨 처음으로 분석하는 방법으로 수집된 악성코드를 따로 실행하지 않고, 그 외형을 보고 분석하는 방법

> **설명**
> ■ ④번은 초기 분석을 설명한 것이다.
>
> [정답 ④]

003 다음은 동적 분석 절차를 나열한 것이다. 순서대로 설명한 것은?

> 가. 동적 분석 도구 실행
> 나. 악성코드 실행
> 다. 분석환경 구축
> 라. 대응
> 마. 시스템 및 네트워크 변화 관찰

① 다, 나, 가, 마, 라   ② 다, 가, 나, 마, 라
③ 다, 나, 마, 가, 라   ④ 다, 가, 마, 나, 라

> **설명**
>
> - 동적 분석 절차는 일반적으로 아래와 같은 순서로 분석한다.
>
>   분석환경 구축 → 동적 분석 도구 실행 → 악성코드 실행 → 시스템 및 네트워크 변화 관찰 → 대응 inactive:expire:flag
>
>   [정답 ②]

004 다음은 정적 분석 절차를 나열한 것이다. 순서대로 설명한 것은?

> 가. 문자 값 추출
> 나. 악성코드 패킹상태 확인
> 다. 분석환경 구축
> 라. 대응
> 마. 리버스 엔지니어링

① 다, 나, 가, 마, 라
② 다, 가, 나, 마, 라
③ 다, 나, 마, 가, 라
④ 다, 가, 마, 나, 라

> **설명**
>
> - 정적 분석 절차는 일반적으로 아래와 같은 순서로 분석한다.
>
>   분석환경 구축 → 악성코드 패킹상태 확인 → 문자 값 추출 → 리버스 엔지니어링 → 대응
>
>   [정답 ①]

005 아래 그림에서 ⑤번(CMP EAX, 1)이 의미하는 것은 무엇인가?

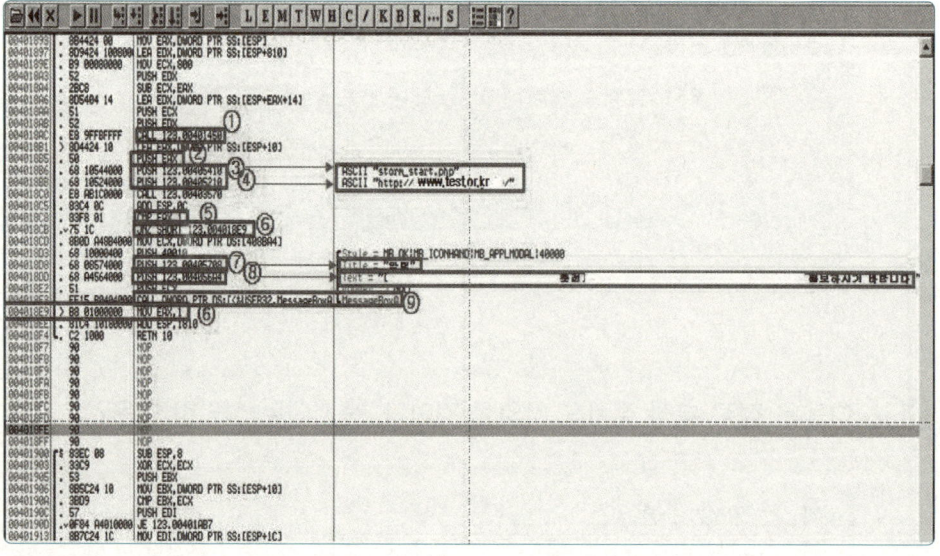

① CMP에 저장된 값과 1과 비교
② EAX에 저장된 값과 1과 비교
③ EAX로 1만큼 Jump
④ CMP로 1만큼 Jump

설명

■ CMP EAX, 1은 'EAX에 저장된 값과 1을 비교' 하라는 의미이다.

[정답 ②]

006 다음은 디지털 포렌식 절차를 나열한 것이다. 순서대로 설명한 것은?

> 가. 포장 및 이송
> 나. 증거수집
> 다. 보고서 작성
> 라. 정밀 검토
> 마. 조사분석

① 나, 가, 마, 라, 다
② 가, 나, 마, 라, 다
③ 나, 가, 라, 마, 다
④ 가, 나, 라, 다, 마

설명

- 디지털 포렌식 절차는 일반적으로 아래와 같은 순서로 분석한다.

  증거수집 → 포장 및 이송 → 조사분석 → 정밀 검토 → 보고서 작성

[정답 ①]

007 다음은 명령어 및 명령어에 대한 설명이다. 모두 옳지 않게 짝지어진 것은?

> 가. pslist : 현재 프로세스 리스트 출력
> 나. listdlls : 프로그램들이 사용하는 DLL 출력
> 다. handle : 프로세스들이 참조하는 파일 리스트 출력
> 라. psinfo : 설치된 핫픽스 및 소프트웨어 목록 정보
> 마. time : 시스템 날짜 출력
> 바. uptme : 부팅된 시간 정보 출력

① 나, 마
② 가, 나
③ 라, 마
④ 다, 바

설명
- 나. listdlls : 프로세스들이 사용하는 DLL 출력
  마. time : 시스템 시간 출력

[정답 ①]

008 다음에서 설명하고 있는 공격을 탐지할 수 있는 명령어는 무엇인가?

> 해킹 사고가 발생하면 네트워크 인터페이스 카드(NIC)가 (   ) 모드로 동작 중인지 확인해야 한다. 공격자는 스니핑 공격을 통해 시스템으로 송수신되는 모든 네트워크 트래픽을 모니터링할 수 있는데 이 경우에 네트워크 인터페이스 카드가 (   ) 모드로 동작하게 되므로 반드시 점검이 필요하다.

① ipconfig /all
② netstat -an
③ fport
④ promiscdetect

설명

- promiscdetect : tsecurity.nu에서 다운로드 받아 사용할 수 있는 스니핑 공격 탐지 도구이다.

[정답 ④]

009 다음은 공격자가 남긴 레지스트리 정보를 수집하는 경로이다. 옳지 않은 것은?

> 가. 최근 기록한 문서 목록
> HKCU\Software\Microsft\windows\CurrentVersion\Explorer\Recentdocs
>
> 나. 터미널 서비스 접속 목록
> HKCU\Software\Microsft\TerminalserverClient\Default
>
> 다. 설치된 소프트웨어 목록
> HKCU\Software\
>
> 라. 열어본 파일 목록
> HKCU\Software\Microsft\windows\CurrentVersion\Explorer\ComDlg32\ OpenSaveMRU

① 가
② 나
③ 다
④ 라

설명

■ 가. 최근 사용한 문서 목록
HKCU\Software\Microsft\windows\CurrentVersion\Explorer\Recentdocs

[정답 ①]

010 대부분의 파일시스템이 디렉터리나 파일과 관련된 시간 속성을 갖는데, ctime 은 어떤 속성인지 다음 중 옳은 것은?

① 파일을 생성 및 최근 수정한 시간
② 최근 파일을 읽거나 실행시킨 시간
③ 파일 속성이 변경된 시간
④ 최근 파일에 기록한 시간

> **설명**
> - 파일 속성이 변경된 시간
> - mtime : 파일을 생성 및 최근 수정한 시간
> - atime : 최근 파일을 읽거나 실행시킨 시간
> - ctime : 파일 속성이 변경된 시간
>
> [정답 ③]

011 다음은 명령어 및 명령어에 대한 설명이다. 옳지 않은 것은?

가. lsof : System에서 돌아가는 모든 Process에 의해서 Open된 파일들에 대한 정보를 보여주는 프로그램
나. fuser : 현재 사용 중인 파일 또는 소켓이 사용하는 프로세스를 확인하는 명령어
다. w : wtmp를 참조하여 현재 시스템에 성공적으로 로그인한 사용자에 대한 snapshot을 제공해주는 명령어
라. messages : 시스템 장애에 대한 정보와 더불어 공격으로 인해 남게 되는 많은 유용한 정보

① 가
② 나
③ 다
④ 라

설명

- 가. 최근 사용한 문서 목록
→ 다. w : utmp를 참조하여 현재 시스템에 성공적으로 로그인한 사용자에 대한 snapshot을 제공해주는 명령

[정답 ③]

012 다음은 웹로그 중 코드의 의미를 나타낸 것이다. 옳지 않은 것은?

> 가. 200 : 요청 정상 처리
> 나. 401 : 접근 금지 응답
> 다. 503 : 서버가 일시적으로 요청을 처리할 수 없음
> 라. 301 : 영구적인 URI 변경

① 가
② 나
③ 다
④ 라

설명

- 나. 401 : Unauthorized(요청 처리를 위해 HTTP 인증(BASIC 인증, DIGEST 인증) 정보가 필요함을 알려줌. (접근 허용을 차단함. 최초 요청에는 인증 다이얼로그 표시하고, 두번째는 인증 실패 응답을 보냄.)
  403 : Forbidden(접근 금지 응답. Directory Listing 요청(서버 파일 디렉토리 목록 표시) 및 관리자 페이지 접근 등을 차단하는 경우의 응답. (파일 시스템 퍼미션 거부, 허가 되지 않은 IP 주소를 통한 액세스의 거부 등)

[정답 ②]

013 다음에서 설명하고 있는 명령어 구문을 옳게 나타낸 것은?

최근 10일 동안 수정되거나 새롭게 생성된 파일을 찾아서 /var/tmp.out에 저장하라는 명령

① #find / -ctime -10 -print -xdev > /var/tmp.out
② #find / -atime -10 -print -xdev > /var/tmp.out
③ #find / -mtime -10 -print -xdev > /var/tmp.out
④ #find / -xtime -10 -print -xdev > /var/tmp.out

설명

- ① #find / -ctime -10 -print -xdev > /var/tmp.out

[정답 ①]

014 다음에서 설명하고 있는 명령어 구문을 옳게 나타낸 것은?

setuid를 가지는 실행 프로그램은 실행도중에 슈퍼유저(root)의 권한을 가지고 실행되므로 find를 이용하여 setuid 파일이 있는지 확인해야 한다.

① #find / -user root -perm -4000 -print > suidlist
② #find / -user root -perm -2000 -print > suidlist
③ #find / -user root -perm -1000 -print > suidlist
④ #find / -user root -perm -7000 -print > suidlist

설명
- ① #find / –user root –perm –4000 –print > suidlist

[정답 ①]

015 다음은 침해사고 관점에서 주로 눈여겨 봐야할 리눅스 디렉터리에 대하여 설명한 것이다. 옳지 않은 것은?

- /mnt : 외부 장치인 시디롬, 삼바 등을 마운트하기 위한 용도
- /proc : 프로세서, 프로그램 정보, 하드웨어 관련 정보가 저장
- /sbin : 사용자가 사용하는 명령어
- /usr : 프로그램 설치 공간으로 프로그램 관련 명령어, 라이브러리가 위치

① /mnt
② /proc
③ /sbin
④ /usr

설명
- /sbin : 관리자가 사용하는 명령어

[정답 ③]

016 리눅스의 주요 아티팩스 중에서 네트워크 공유 흔적을 나타내는 것은 어느 것인가?

① /etc/localtime
② /etc/samba/lmhosts
③ /etc/skel
④ /inittab

> 설명
> - ② /etc/samba/lmhosts, /etc/samba/smb.conf, /etc/smbusers, /etc/mtab
>
> [정답 ②]

017 리눅스 라이브 분석 시 시스템의 활성데이터 수집방법이 아닌 것은?

① uname -a
② /etc/localtime
③ ifconfig -a
④ /var/spool/lpd/lp/*

> 설명
> - arp는 활성데이터 수집방법 중 네트워크 활성데이터를 수집하는 방법이다.
>   ③ arp -a
>
> [정답 ③]

018 비정상 계정 조사 시 일반적으로 고려하는 사항이 아닌 것은?

가.
- /etc/passwd, /etc/shadow, /etc/group, $HOME
- 공격자가 생성한 계정 조사

나.
- UID 0을 가지는 추가 계정 조사

다.
- 패스워드를 가지고 있는 응용프로그램 계정 조사
  > # tail – 5 /etc/passwd
- 패스워드를 가지고 있는 응용프로그램 계정 조사
  > # tail – 5 /etc/passwd

라.
- 파일의 시간 정보나 아이노드 순서를 통해 점검
- 해시값 비교를 통해 변경 여부 검사

① 가
② 나
③ 다
④ 라

설명

- '④ 라'는 바이너리 파일이 변경되었는지 확인하는 점검 방법이다.
  - /bin, /sbin 폴더의 시스템 바이너리 변경 여부 조사
  - 파일의 시간 정보나 아이노드 순서를 통해 점검
  - 해시값 비교를 통해 변경 여부 검사
    > # ls –it /bin
    > # ls –it /sbin

[정답 ④]

019 비정상 계정 조사 시 일반적으로 고려하는 사항이 아닌 것은?

> 보안 취약점을 찾기위해 방화벽 스캔하기
> tcp 보안 허점을 확인하고 일반적인 공격에 취약한지 여부를 확인해볼 수 있는 옵션
> 방화벽을 속여 응답을 생성하도록 tcp null 스캔 수행
> tcp flag 헤더에 아무 비트도 설정하지 않음

① nmap -sN 1.1.1.1
② nmap -sF 1.1.1.1
③ nmap -sX 1.1.1.1
④ nmap -sS 1.1.1.1

설명

- tcp flag 헤더에 아무 비트도 설정하지 않은 옵션은 -sN이다.
  - → ① nmap -sN 1.1.1.1
  - → ② nmap -sF 1.1.1.1 - tcp fin 비트만 셋팅
  - → ③ nmap — 1.1.1.1 - fin, psh, urg flag를 셋팅

[정답 ①]

020 다음에서 설명하고 있는 명령어는 무엇을 의미하는가?

```
$ nmap -sX -p 22,53 -oN acornpub.txt 192.168.0.0/24
```

① 전체 서브넷에 있는 특정 포트들(22, 53)만을 검사하는 명령어
② 네트워크에 있는 방화벽에서 모든 SYN 패킷을 거부 시 사용하는 명령어
③ 스캔 공격을 하는 시스템의 주소를 다른 호스트의 주소로 바꿔 놓는 명령어
④ 패킷을 일정 시간 간격으로 보내어 스캔 속도를 조절하는 명령어

설명
- 전체 서브넷에 있는 특정 포트들(22, 53)만을 검사하는 명령어이다.

[정답 ①]

MEMO

제6편

실전 문제

필기

제1편 보안관제 일반

001 보안관제와 관련하여 사용되는 용어에 대한 설명 중 가장 거리가 먼 것은?

① 사이버공격 : 정보시스템에 저장되어 있거나 정보통신망을 이용하여 소통되는 정보의 절취나 위변조 및 가용성 등을 저해하는 일체의 행위
② 사이버공격 탐지 : 전산망에 대한 전체적인 트래픽 급증·급감 및 해킹시도 및 악성 해킹프로그램 유포 등과 같은 활동을 보안관제시스템을 이용하여 사전에 차단하는 활동
③ 탐지결과 분석 : 경유지 악용, 해킹메일 유포, 홈페이지 위변조, 정보자료 절취 등과 같은 해킹시도에 대한 로그를 분석하여 공격자정보, 공격시간, 공격방법 등과 피해규모를 파악하는 활동
④ 대 응 : 해킹사실을 피해기관에 통보하고 파악된 공격자 정보와 취약점 정보를 활용하여 피해시스템이 정상적으로 운영될 수 있도록 신속하게 전문기술을 제공하는 활동

002 사이버 공격은 고도화된 기술을 바탕으로 시간과 장소에 구애받지 않고 진행되고 있는 특성이 있으므로, 보안관제 업무는 기본적인 원칙을 준수하면서 수행할 때에 비로소 많은 성과를 낼 수 있다. 다음의 보안관제 수행원칙 중 가장 거리가 먼 것은?

① 무중단의 원칙
② 전문성의 원칙
③ 적시성의 원칙
④ 정보공유의 원칙

003 "정보통신망 이용촉진 및 정보보호 등에 관한 법률"에서 정하는 용어의 정의 중 잘못된 것은?

① "정보통신서비스"란 「전기통신사업법」 제2조제6호에 따른 전기통신역무와 이를 이용하여 정보를 제공하거나 정보의 제공을 매개하는 것을 말한다.
② "정보통신서비스 제공자"란 「전기통신사업법」 제2조제8호에 따른 전기통신사업자와 영리를 목적으로 전기통신사업자의 전기통신역무를 이용하여 정보를 제공하거나 정보의 제공을 매개하는 자를 말한다.
③ "사용자"란 정보통신서비스 제공자가 제공하는 정보통신서비스를 이용하는 자를 말한다.
④ "전자문서"란 컴퓨터 등 정보처리능력을 가진 장치에 의하여 전자적인 형태로 작성되어 송수신되거나 저장된 문서형식의 자료로서 표준화된 것을 말한다.

004 보안관제서비스의 유형은 관제조직에 따른 분류와 관제시스템에 따른 분류로 구분할 수 있다. 다음 중 관제 서비스 유형 중 관제 조직에 따른 분류로 옳지 않은 것은?

① 직접 보안관제
② 원격 보안관제
③ 파견 보안관제
④ 간접 보안관제

005 다음 중 사용자 인증기술 중 보안성이 가장 높은 것은?

① 다중 인증(Multi Factor)
② PIN
③ 스마트카드
④ 패스워드

006 방화벽, IDS, IPS 등 다양한 이기종 정보보안솔루션을 통합으로 관리하는 솔루션은 무엇인가?

① ESM(Enterprise Security Management)
② NAC(Network Access Control)
③ UTM(Unified Threat Management)
④ APT(Advanced Persistent Threat)

007 다음 중 해시함수의 특성이 아닌 것은?

① 해시함수 h는 임의의 메시지 M을 입력할 수 있어야 하며 이를 일정 길이의 해시값 H로 출력할 수 있어야 한다.
② 어떠한 해시값 H에 대해서도 h(M)=H가 되는 메시지 M을 찾는 것이 계산상 불가능해야 한다.
③ 어떠한 메시지 M과 그의 해시값 H=h(M)이 주어졌을 때 h(H)=M이 되는 메시지를 구할 수 있어야 한다.
④ 해시함수 h는 어떠한 메시지 입력에도 해시값H의 계산이 간단해야 하며 하드웨어 혹은 소프트웨어 구성이 용이해야 한다.

008 Diffie-Hellman 프로토콜은 비밀키(Secret-Key)를 공유(키 교환)하는 과정에서 특정 공격에 취약할 가능성이 존재하는 Diffie-Hellman 프로토콜이 가장 취약한 공격은 무엇인가?

① 재생 공격(Replay Attack)
② 반사 공격(Reflection Attack)
③ 강제 지연 공격(Forced-delay Attack)
④ 중간자 공격(Man-in-the-Middle-Attack)

009 비대칭키 암호시스템을 사용한 전자서명이 제공하는 서비스로 가장 적절하지 않은 것은?

① 기밀성
② 무결성
③ 인증
④ 부인방지

010 다음 중 커버로스(Kerberos) 시스템에 대한 설명 중 가장 거리가 먼 것은?

① Needham-Schroeder 프로토콜을 기반으로 개발되었으며 키 분배 기능을 제공한다.
② 공개키 암호시스템에서 사용되는 공개키에 대한 인증 기능을 제공한다.
③ 키 분배센터는 인증 서버(AS)와 티켓 발급 서버(TGS)로 구성된다.
④ 타임스탬프를 이용하므로 재생공격(replay attack)을 예방할 수 있다.

011 다음의 보안관제 시스템에 따른 분류 중 가장 거리가 먼 것은?

① IDS를 이용한 관제
② 융합 보안관제
③ ESM을 이용한 보안관제
④ 방제시스템을 이용한 보안관제

012 다음은 어떤 보안정책에 대한 설명이다. 가장 적절한 것은?

> 정보시스템 운영과 정보시스템 개발을 같은 사람에게 맡기지 않는다.

① 직무순환
② 직무분리
③ 권한분산
④ 권한위임

013 다음 중 생체인식의 정확도를 측정하는 용어로 생체인식 등록자가 아닌 자를 등록된 자로 인식하여 출입을 허가하는 경우와 관계있는 용어는 무엇인가?

① 부정 인식율 (FRR: False Recognition Rate)
② 부정 거부율 (FRR: False Rejection Rate)
③ 부정 입장율 (FAR: False Admission Rate)
④ 부정 허용율 (FAR: False Acceptance Rate)

014 다음의 키분배 방식 중 나머지 3가지와 방식이 상이한 것은?

① Diffie-Hellman 프로토콜
② Needham-Schroeder 프로토콜
③ OCSP 프로토콜
④ RSA 이용 키 분배방법

015 다음 중 전자서명이 갖춰야 하는 요구사항이 아닌 것은?

① 변경 불가
② 수신자 인증
③ 재사용 불가
④ 부인방지

016 다음 설명에 가장 적절한 접근통제 방법은?

> 데이터의 소유자가 접근을 요청하는 사용자의 신분, 즉 식별자(ID)에 기초하여 객체에 대해 접근을 제한하는 접근통제 방법

① 임의적 접근통제
② 강제적 접근통제
③ 역할기반 접근통제
④ 신분기반 접근통제

017 "정보통신망 이용 촉진 및 정보보호 등에 관한 법률"에서는 정보통신서비스 제공자등이 개인정보의 분실·도난·누출사실을 안 때에는 지체 없이 해당 이용자에게 알리고 방송통신위원회 또는 한국인터넷진흥원에 신고하여야 할 필수사항을 규정하고 있다. 다음 중 해당 이용자에게 알려야 할 필수사항에 포함되지 않는 것은?

① 누출 등이 된 개인정보 항목, 누출 등이 발생한 시점
② 개인정보의 분실·도난·누출된 상세한 경로
③ 이용자가 취할 수 있는 조치, 정보통신서비스 제공자등의 대응 조치
④ 이용자가 상담 등을 접수할 수 있는 부서 및 연락처

018 "정보통신망 이용 촉진 및 정보보호 등에 관한 법률"에서는 정보통신서비스 제공자가 이용자의 개인정보를 이용하려고 수집하는 경우에는 수집하는 사항을 이용자에게 알리고 동의를 받아야 할 항목을 규정하고 있다. 다음 중 이용자에게 알리고 동의를 받아야하는 항목이 아닌 것은 무엇인가?

① 개인정보의 수집 방법
② 수집하는 개인정보의 항목
③ 개인정보의 수집·이용 목적
④ 개인정보의 보유·이용 기간

019 다음 중 정보통신기반 보호법에 따라 주요 정보통신 기반시설의 취약점 분석·평가를 수행 할 수 있는 기관이 아닌 것은?

① 한국인터넷진흥원
② 한국전자통신연구원
③ 한국정보보호산업협회
④ 정보공유·분석센터

020 "보안관제 전문업체 지정 등에 관한 공고"에서는 보안관제업체 지정 신청 시 보안관제 수행실적에 대한 요건을 정하고 있다. 다음 중 보안관제 수행실적에 대한 요건으로 잘못된 것은?

① 보안관제가 프로젝트의 주된 목적일 것
② 해당업체 참여율이 50퍼센트를 초과하여 참여한 프로젝트일 것
③ 기술인력의 연간 프로젝트 참여비율의 총합이 100퍼센트를 넘지 않을 것
④ 지정신청을 한 날 현재 진행 중인 보안관제 프로젝트일 것

제2편 보안관제 기술

001 다음 중 로그데이터의 중요성에 대한 설명으로 틀린 것은?
① 시스템에서 발생하는 모든 문제에 대하여 중요한 단서를 제공한다.
② 잠재적인 시스템 문제를 예측하는 데 사용될 수 있다.
③ 장애 발생 시 복구에 필요한 정보로는 활용되지 않는다.
④ 침해사고 시 근거 자료로 활용된다.

002 다음 중 ftp나 ncftp 등의 접속이 이루어졌을 때 기록되는 로그 파일은?
① xferlog
② sulog
③ loginlog
④ utmp

003 유닉스 계열의 시스템에서 로그인 실패 정보를 저장하는 파일로 'lastb'명령어를 통해 저장된 실패된 로그정보를 볼 수 있는데 이 파일은 무엇인가?
① utmp
② btmp
③ pacct
④ wtmp

004 다음 중 리눅스/유닉스 시스템의 로그 분석 파일과 관련한 설명으로 잘못된 것은?

① utmp : 시스템에 현재 로그인한 사용자들에 대한 상태 정보 수집
② wtmp : 사용자들의 로그인 및 로그아웃한 정보 수집
③ pacct : 사용자가 로그인한 후부터 로그아웃할 때까지 입력한 명령과 시간, 작동된 tty 등에 대한 정보를 수집
④ btmp : 서버에 접속한 사용자의 IP 별로 가장 최근에 로그인한 시간이 기록

005 다음 중 유닉스시스템의 syslog Level의 심각도에 따라 바르게 분류한 것은 무엇인가?

① emerg 〉 alert 〉 crit 〉 err 〉 warn 〉 notice 〉 info 〉 debug
② emerg 〉 crit 〉 alert 〉 warn 〉 err 〉 notice 〉 info 〉 debug
③ emerg 〉 err 〉 alert 〉 crit 〉 warn 〉 notice 〉 info 〉 debug
④ emerg 〉 warn 〉 alert 〉 crit 〉 err 〉 notice 〉 info 〉 debug

006 침입을 당했을 때 로그 파일을 비롯한 여러 파일의 환경설정이나 접근권한, 일부 파일이 변조되거나 삭제가 된다. 시스템의 변조되기 전, 헤더 값의 체크썸(Checksum)을 저장하여 파일의 변조, 삭제 시 원래의 파일과 비교 · 대조할 수 있는 피해 분석 도구는?

① tcpdump
② netstat
③ tripwire
④ Snort

007 다음 중 프로토콜 기반 패킷 필터를 이용한 시스템 접근통제 도구와 거리가 먼 것은?

① Access List
② iptables
③ ipchain
④ chmod

008 다음 중 윈도우 서버의 보안 관리를 위한 설명 중 옳지 않은 것은?

① 정책 설정에서 보안상 중요한 감사기록에 대한 로그를 설정하여 정기적으로 점검한다.
② 웹 서비스, ftp 서비스 등의 로그를 정기적으로 점검한다.
③ 시스템 로그, 보안 로그가 없으므로 따로 로그 관리 프로그램을 설치한다.
④ 관리자 암호와 사용자 암호를 정기적으로 바꾼다.

009 ( ) 안에 들어갈 올바른 명령어는?

> 다음은 부팅 동안 시스템에 대한 정보를 보고 시스템에 로딩되거나 실패한 하드웨어 설정을 보려고 한다. 이때 스크롤 속도가 너무 빨라서 읽을 수 없다면 부팅 후에 (   )를 실행하면 된다.

① fsck
② dmesg
③ mount
④ format

010 다음 TCP 포트스캔 방식 중 탐지원리의 성격이 다른 하나는 무엇인가?

① FIN scan

② NULL scan

③ Xmas scan

④ SYN scan

011 다음은 어떠한 port scan 방식을 설명한 것인가?

- 포트가 Open 상태이면 패킷을 무시한다.
- 포트가 close 상태이면 RST 패킷을 되돌려 보낸다.

① TCP Open scan

② Xmas 스캔

③ Stealth scan

④ UDP scan

012 다음 중 운영체제의 주요기능에 대한 설명으로 맞지 않는 것은?

① 하드웨어와 응용프로그램 간의 인터페이스 역할을 한다.

② 컴퓨터의 동작을 구동(booting)하고 작업의 순서를 정하며 입출력 연산을 제어한다.

③ 프로그램의 오류나 부적절한 사용을 방지하기 위해 실행을 제어한다.

④ 컴퓨터가 실행할 수 있도록 기계어로 번역한다.

013 다음 중 운영체제의 버퍼링에 대한 설명으로 맞지 않는 것은?

① 디스크를 매우 큰 버퍼처럼 사용하는 것이다.
② 주기억장치를 버퍼로 사용하는 것이다.
③ 입출력 장치의 느린 속도를 보완하는 한 가지 방법이다.
④ 미리 읽혀진 레코드들이 존재하는 곳은 주기억장치의 일부인데 이를 버퍼라 한다.

014 다음 보기는 어떤 접근제어 정책에 대한 설명인가?

> 주체나 또는 그들이 소속되어 있는 그룹들의 ID에 근거하여 객체에 대한 접근을 제한하는 방법이다. 즉, 접근통제는 객체의 소유자에 의하여 이루어진다. 그러므로 어떠한 접근 허가를 가지고 있는 한 주체는 임의의 다른 주체에게 자신의 허가를 넘겨줄 수 있다.

① 강제적 접근통제(MAC)
② 임의적 접근통제(DAC)
③ 다단계 보안 정책(MLS)
④ 역할기반 접근제어(RBAC)

015 다음 중 snort rule option에 대한 설명으로 틀린 것은?

① msg : 지정한 메시지가 alert 발생시나 로그 보존시에 이벤트명으로 사용된다.
② content : 검색 문자열에는 텍스트 데이터만 지정할 수 있다.
③ offset : 검색을 시작할 패킷의 특정 위치를 지정한다.
④ depth : content 옵션 명령이 검사할 byte 수를 지정하는 옵션

016 다음은 서버 보안 강화를 위해 넷필터 프로젝트에서 개발했으며 광범위한 프로토콜 상태 추적, 패킷 애플리케이션 계층검사, 속도 제한, 필터링 정책을 명시하기 위한 강력한 매커니즘을 제공하는 접근통제 도구는 무엇인가?

① iptables
② Tcp Wrapper
③ netstat
④ Tripwire

017 다음 보기와 같이 윈도우 운영체제에서 공유되고 있는 자원을 확인하기 위해 사용하는 명령어(Command)는 무엇인가?

공유 이름	리소스	설 명
ADMIN$	C:\Windows	원격 관리
C$	C:\	기본 공유
D$	D:\	기본 공유
IPC$	원격 IPC	

① net group
② net view
③ net share
④ net computer

018 다음은 암호 해독자가 도청한 암호문으로부터 그에 해당하는 평문이나 비밀키를 도출한다. 이러한 수동적 공격방법이 아닌 것은 무엇인가?

① 기지 암호문 공격(Known-ciphertext attack)
② 선택 암호문 공격 (Chosen-ciphertext attack)
③ 기지 평문 공격(Known-plaintext attack)
④ 선택 평문 공격 (Chosen-plaintext attack)

019 다음은 공개키 암호를 사용하여 비밀키를 분배하고 분배받은 비밀키로 대칭키 암호를 사용하여 메시지를 전송하는 암호방식을 무엇이라고 하는가?

① 대칭키 암호화
② 비밀키 암호화
③ 공개키 암호화
④ 혼합 암호화

020 다음은 블록암호 알고리즘을 SP Network구조와 Feistel구조로 되어 있는 알고리즘으로 분류하였을 때, 그 구조가 다른 블록암호 알고리즘은 무엇인가?

① AES (Rijndael)
② ARIA
③ SEED
④ IDEA

제3편 보안관제 운영

001 다음은 OSI 7 Layer에 대한 설명이다. 옳지 않은 것은?

① 물리 계층에서 허브나 리피터 장비를 사용한다.
② 데이터링크 계층에서 브리지 장비를 사용한다.
③ 네트워크 계층에서 스위치 장비를 사용한다.
④ 트랜스포트(전송) 계층에서 게이트웨이 장비를 사용한다.

002 네트워크 토폴로지(망구성 방식)에 대한 설명이다. 다음 중 성형(Star) 방식에 대한 특징으로 맞는 것은?

① 특정 노드의 신호가 케이블 전체에 전달되는 방식이다.
② 각 노드가 좌우의 인접한 노드와 연결되어 원형을 이루고 있는 형태이고, 토큰링이나 FDDI 등에 사용된다.
③ 중앙에 있는 주 컴퓨터에 여러 대의 컴퓨터가 연결된 형태이고, 각 컴퓨터는 주 컴퓨터를 통하여 다른 컴퓨터와 통신을 할 수 있는 형태이다.
④ 모든 노드가 서로 일대일로 연결된 그물망 형태로 다수의 노드 쌍이 동시에 통신 가능하다.

003 다음은 무선랜 및 무선랜 보안에 대한 설명이다. 다음 설명 중 옳지 않은 것은?

① IPS(침입방지시스템,Intrusion Prevention System) 구축을 통해서 무선랜 침입을 탐지하고 차단할 수 있다.
② MAC을 사전에 등록하고 등록된 장비의 무선 접속을 허용하였다고 하더라도 공격자는 MAC 변조가 완전히 불가능 하지는 않다.
③ 무선AP에서 고정IP와 MAC을 매핑하여 사용하도록 설정하여 접근통제를 강화한다.
④ SSID를 숨김모드로 설정하여 허가되지 않은 사용자들의 접근을 제한하여야 한다.

004 다음의 쉘쇼크(Shellshock) 취약점에 대한 설명 중 가장 올바른 것은?

① 주기적인 백신 업데이트로 예방 할 수 있다.
② 인터넷익스플로러에서 발생하는 취약점으로 다른 웹브라우저는 안전하다.
③ 주로 해킹메일을 통해 감염된다.
④ 공격 성공시 중요파일 삭제가 가능하다.

005 다음은 DDoS(분산서비스거부)공격의 종류에 대한 설명이다. 옳지 않은 것은?

① (TCP) Syn Flooding 공격에 대한 대응방안으로는 서버의 백로그 큐를 줄여서 로그를 저장하지 못하게 한다.
② smurf attack 공격은 공격대상 사이트에서 발신된 것처럼 IP 주소를 위조하여 핑(ping) 패킷을 발신하면 여러 단말기에서 공격대상 사이트로 일제히 응답 패킷을 보내는 방식이다.
③ (TCP) Syn Flooding 공격은 공격자가 변조된 IP를 대상서버에 다량의 패킷을 요청하여 서버가 서비스 거부하게 되는 DDoS공격의 일종이다.
④ DDoS공격 중 랜드어택(Land Attack) 공격의 특징으로, 공격자는 출발지 ip 주소와 공격대상 ip 주소를 동일하게 만들어, 공격대상자는 자기 ip를 되받게 되어 syn packet이 서버 내부에서 계속 돌게 된다.

006 방화벽에 대한 설명 중 가장 거리가 먼 것은?

① 일반적인 기본정책은 모든 트래픽을 차단하고 허용정책을 추가한다.
② SSL 암호화 통신이라도 잘 알려진 Sql인젝션 공격패턴은 차단이 가능하다.
③ 신뢰된 IP에서는 공격 트래픽이라도 허용이 되고, NAT 설정으로 IP를 효과적으로 사용 가능하다.
④ 메일서버 운용시 SMTP 포트에 대해서는 인바운드, 아웃바운드 트래픽을 허용한다.

007 다음은 스위치 특징에 대한 설명이다. 다음 설명 중 옳지 않은 것은?

① Store and Forward 방식은 전체 프레임을 모든 메모리에 수신한 후 포워딩 한다.
② Cut Through 방식은 프레임을 수신하는 대로 스위치가 목적지 주소를 확인한 후 바로 포워딩하며, 신뢰도가 높은 방식이다.
③ Adaptive 방식은 Store and Forward, Cut Through, Fragment Free 방식을 통합한 개념이다.
④ Layer 4 스위치는 로드 밸런싱을 지원하고, 보안성이 높다.

008 다음은 파밍에 대한 설명 중 맞는 것은?

① 감염시 하드디스크 파괴 동작을 한다.
② 지속적으로 트래픽을 발생시킨다.
③ 감염이 되더라도 공격자에 추가 명령이 있을 때까지 대기한다.
④ DNS를 변조시켜 악성코드에 감염된 사용자PC를 조작하여 금융정보를 빼낸다.

009 다음은 잘 알려진 포트번호에 대한 설명이다. 옳지 않은 것은?

① 텔넷 포트는 23, FTP 포트는 21번을 사용한다.
② 잘 알려진 포트는 0~1023 까지의 범위를 사용한다.
③ SNMP는 171, 172 2개의 포트를 사용한다.
④ DNS 서비스 포트 번호는 53이다.

010 다음 중 열려 있는 포트 및 서비스 중인 프로세스들의 상태 정보를 확인할 수 있는 명령어는 무엇인가?

① pslist
② netstat
③ ps -ef
④ nslookup

011 다음은 솔루션 및 시스템에 대한 설명이다. 다음 중 옳지 않은 것은?

① DRM은 파일을 암호화하는 방식으로, 사내에서 만든 파일을 외부로의 유출은 얼마든지 가능하지만 유출된다 하더라도 암호를 알지 못하면 열어볼 수 없다.
② DLP는 데이터를 내보낼 때 쓰이는 모든 경로를 차단, USB 등의 매체사용을 차단하여 문서나 파일의 외부 유출 자체를 막는 방식이다.
③ NAC은 비인가 PC는 네트워크 사용을 차단하고, 일반적으로 PC에 설치된 OS 및 프로그램 정보들을 수집할 수 있다.
④ NAC은 일반적으로 백신시스템의 기능을 포함하고 있다.

012 다음은 DDoS 공격의 일종인 UDP Flooding 공격의 탐지 및 대응 방법으로 가장 거리가 먼 것은?

① 공격자가 보낸 패킷에서 UDP 통신을 분석한다.
② 서버들 간에서 발생되는 UDP 통신은 모두 차단한다.
③ 공격자가 보내는 패킷의 횟수를 카운트하여 공격 인정 시간 내에 공격 인정 횟수이면 UDP Flooding 공격으로 탐지한다.
④ 방화벽 통신 로그를 확인한 결과 외부에서 내부로의 UDP 포트 스캔이 아니면 UDP Flooding 공격으로 간주한다.

013 악성코드 분석결과를 바탕으로 C&C통신을 차단할 IPS정책을 설정 중에서 틀린 것은?

> 감염시 C&C 통신 내역 : http://www.malware.com:888/infected.jsp?no=5545

방향	행위	프로토콜	포트번호	패턴
IN	BLOCK	ALL	888	/infected.jsp?no=

① 프로토콜
② 포트번호
③ 방향
④ 패턴

014 ESM에 대한 설명 중에서 틀린 것은?

① 다양한 시스템에서 발생한 로그를 수집할 수 있다.
② 적은 인원으로 시스템을 관리하기에 적합하다.
③ 침해사고 발생시 각종 보안장비의 로그를 검색하여 공격 흔적을 분석 할 수 있다.
④ 주기적인 패턴 업데이트시 알려진 공격은 차단할 수 있다.

015 NAC에 대한 설명으로 틀린 것은?

① 주기적인 패턴 업데이트시 알려진 악성코드들은 치료가 가능하다.
② 악성코드 감염이 의심스러울 경우 네트워크 차단을 할 수 있다.
③ 일반적으로 PC에 설치된 OS 및 프로그램 정보들을 수집할 수 있다.
④ 비인가된 PC는 내외부 네트워크 사용을 제한 할 수 있다.

016 랜섬웨어에 대한 설명으로 틀린 것은?

① 프로그램 파일이 아닌 문서, 사진, 동영상 등 개인적인 파일을 암호화 시킨다.
② 암호화된 파일은 강제로 복호화가 어렵다.
③ 네트워크로 공유된 파일도 암호화 시킬 수 있다.
④ 파일을 암호화하여 안전하게 보관할 수 있다.

017 다음은 어떤 시스템에 대한 설명인가?

> 적외선 장치, 블루투스 장치, 무선랜 장치 등 다양한 매체에 대해 컴퓨터에 연결을 통제하는 솔루션이다. 특히 이동형 저장매체에 대한 통제가 주요 목적인 시스템이다.

① 백신시스템
② 매체제어시스템
③ DRM
④ Foot Printing

018 다음은 어떤 시스템에 대한 기능 및 특징이다. 이에 알맞은 시스템은 무엇인가?

> 네트워크 진입시 단말과 사용자를 인증하고, 네트워크 사용중인 단말에 대한 지속적인 보안 통제를 위한 솔루션이다.

① NAC
② 매체제어시스템
③ DRM
④ 백신시스템

019 다음은 어떤 장비에 대한 설명인가?

> · 패킷은 보내는 노드와 받는 노드를 1:1로 연결하기 때문에 발생하지 않고, 빠른 속도로 전송이 가능하다.
> · 두 개의 노드가 통신하는 동안 다른 노드들도 서로 간 동시 통신이 가능하다.
> · 여러 노드에서 통신을 하거나 노드 수가 증가하더라도 속도 저하는 일어나지 않는다.

① 리피터
② 허브
③ 스위치
④ 게이트웨이

020 다음은 ESM에 대한 설명이다. 옳은 것은?

① ESM은 통합보안관리시스템으로 방화벽, IPS, 웹방화벽 등의 보안장비의 탐지로그를 종합적으로 수집하여 모니터링 한다.
② 시그니처 기반의 탐지패턴을 적용하여 사이버공격을 탐지한다.
③ 각 보안장비에서 수집한 탐지로그는 연관성 분석이 불가하다.
④ 동일한 공격에 대한 모니터링을 위해 임계치를 적용한 알람 설정이 불가하다.

제4편 취약점 진단 기술

001 다음 중 오픈 웹 애플리케이션 보안 프로젝트(OWASP)에서 발표한 OWSAP Top 10 2017에 대한 항목으로 옳지 않은 것은?

① 미흡한 전송계층 보호
② XML 외부 개체(XXE)
③ 크로스사이트 스크립팅(XSS)
④ 인젝션

002 다음 중 유닉스 시스템에 대한 취약점 제거를 위한 관리자 계정에 대한 설정 내용 중 가장 옳지 않은 것은 무엇인가?

① root 계정의 원격접속 허용 시 공격자에게 더 쉽게 접근할 수 있는 기회를 제공할 수 있으므로 root 계정의 보호를 위하여 원격접속은 금지한다.
② 시스템 관리자라면 다른 UID를 갖는 2개의 계정을 가지는 것이 좋다. 관리업무를 위한 UID가 '0'인 root 사용자이고, 다른 하나는 일반적인 업무를 하기 위한 것으로 사용한다.
③ 보안 관리를 위하여 root 이외의 계정에 UID를 '0'으로 설정하여 사용하는 것이 좋다.
④ su 명령어를 통해 root 계정으로 접속 시 모든 권한을 획득할 수 있으므로 허용하는 계정만 su 명령어를 통해 root 계정으로 접속할 수 있도록 관리해야 한다.

003 다음 중 Apache 웹서버에 대한 취약점 제거 조치 중 옳지 않은 것은 무엇인가?

① Apache 디렉터리 리스트 제거
② Apache 웹 프로세스 권한 제한
③ Apache 상위 디렉터리 접근 금지
④ Apache 웹 서비스 영역의 통합

004 다음 중 윈도우 시스템에서 취약한 계정에 대한 조치 방법 중 옳지 않은 무엇인가?

① Administrator 계정은 알려진 기본 계정임으로 계정 이름을 변경해서 사용하는 것이 안전하다.
② Guest 계정은 사용자가 접속을 위하여 필요한 계정이므로 패스워드를 어렵게 변경하여 사용한다.
③ 불필요한 사용자 계정을 삭제한다.
④ 사용자 패스워드는 암호화하여 저장한다.

005 다음 중 공유폴더의 취약성에 대한 설명 중 옳지 않은 것은 무엇인가?

① 하드디스크의 기본 공유는 시스템에서 사용하는 것으로 공유 제거를 하지 않는다.
② 임의의 사용자가 원격 PC의 공유된 폴더에 공격이 가능하다.
③ 공유폴더를 통한 바이러스 감염의 우려가 있다.
④ NetBIOS over TCP/IP 기능을 이용해 공격한다.

006 다음 중 windows 레지스트리 보안에 대한 설명 중 옳지 않은 것은 무엇인가?

① 원격에서 레지스트리를 변경하는 것을 차단하는 것이 안전하다.
② 실행창에서 regedit를 실행한 후 메뉴 중 보안을 선택하면 설정할 수 있다.
③ 레지스트리는 주기적으로 백업 받는 것이 안전하다.
④ 사용자별 설정을 위하여 모든 사용자가 접근이 가능하여야 한다.

007 다음은 시스코사의 네트워크 장비의 취약점을 제거하기 위한 방법이다. 어떤 보안설정을 위한 내용인가?

```
Router# config terminal
Router(config)#service timestamp log date time msec local show-timezone
Router(config)# ^Z
```

① NTP 서버 연동
② 정책에 따른 로깅 설정
③ timestamp 로그 설정
④ identd 서비스 차단

008 다음 중 유닉스 계열의 운영체계에서 네트워크 연결에 대한 접근 제어 도구로 사용되는 것은 무엇인가?

① nmap
② inetd
③ nessus
④ TCP Wrapper

009 다음에서 설명하는 취약점 분석 도구는 무엇인가?

> (   )는 네트워크의 전반적인 보안 취약점 파악네트워크 대역이나 서버 팜을 대 상으로 주기적인 Scanning 점검을 통한 취약점에 대한 변동 사항을 파악하여 보안사고 예방. 서버 하드닝을 위한 서버취약점 파악 및 새로운 서버 구축 시 해당 서버 에 대한 Scanning점검을 하여 점검 결과물을 바탕으로 프로그램 업데이트 및 서버 취약점을 제거하는데 이용가능. (   )는 Server-Client구조로 취약점 점검을 하는 Server와 취약점 점검설정과 결과물을 제공하는 Client로 이루어진다.

① Burp Suite
② Nessus Vulnerability Scanner
③ Paros
④ Acunetix Web Vulnerability Scanner

010 다음 중 크로스 사이트 스크립트(XSS) 공격에 의하여 발생할 수 있는 공격 유형과 가장 거리가 먼 것은 무엇인가?

① 사용자 SuperUser 권한 탈취
② 사용자의 개인정보 탈취
③ 악성코드 감염
④ 웹페이지 변조

011 다음 유닉스시스템에 대한 취약점 조치 내용으로 가장 적절하지 못한 것은 무엇인가?

① shadow 패스워드 시스템을 사용한다.
② 외부 사용자를 위해서는 anonymous ID만을 제공한다.
③ SU 사용에 대한 주기적인 점검을 실시한다.
④ root는 원격 로그인을 차단하도록 설정한다.

012 다음 중 유닉스 시스템에서 사용자가 su 명령을 이용하여 사용자를 전환하는 내역을 보려고 할 때 확인하는 로그 파일은 무엇인가?

① wtmp
② utmp
③ sulog
④ lastlog

013 다음 중 웹 어플리케이션 점검 도구로 잘못된 것은?

① Firewall

② Nmap

③ Burp Suite

④ Wireshark

014 다음 중 패스워드 관련 점검 항목 및 조치방법에 대한 설명으로 옳지 않은 것은?

① 패스워드 최소 길이를 설정한다.

② 패스워드 최대 사용 기간을 설정한다.

③ 패스워드 최소 사용 기간을 설정한다.

④ 패스워드 복잡성은 영문자, 숫자, 특수문자 2가지 조합 8자리 이상으로 한다.

015 인터넷은 웹 브라우저를 사용하여 서버와 클라이언트간 통신을 하는데, 이때 사용하는 프로토콜로 옳은 것은?

① FTP

② HTTP

③ SMTP

④ TELNET

016 다음 중 SSL(Secure Socket Layer)에 대한 설명으로 잘못된 것은?

① 암호화세션
② 클라이언트인증
③ 메시지 부인방지
④ 서버인증

017 다음 모의해킹 절차 중 무엇에 대한 설명인지 고르시오.

> 수집된 정보를 기반으로 대상 시스템의 중요 정보 노출 가능성 및 기타 보안상 문제가 발생될 수 있는 취약점 분류

① 사전협의 단계
② 정보수집 단계
③ 위협모델링 단계
④ 취약점분석 단계

018 다음 중 침투테스트로 잘못된 것은?

① DDoS공격
② Black Box Test
③ Gray Box Test
④ White Box Test

019 다음 중 웹 취약점 점검 항목으로 잘못된 것은?

① 버퍼오버플로우

② NetBios 점검

③ 불충분한 인증

④ 세션고정

020 다음 중 유닉스 시스템에 대한 취약점 점검 항목에 대한 설명으로 잘못된 것은?

① Apache 웹 프로세스 권한 제한

② 패스워드 복잡성 설정

③ Finger서비스 비활성화

④ 백신 프로그램 업데이트

필기시험 정답지

문항	1. 보안관제 일반	2. 보안관제 기술	3. 보안관제 운용	4. 취약점 진단기술
1	2	3	3	1
2	3	1	3	4
3	3	2	1	4
4	4	4	4	2
5	1	1	1	1
6	1	3	2	4
7	3	4	2	3
8	4	3	4	4
9	1	2	3	2
10	2	4	2	1
11	4	2	4	2
12	2	4	2	3
13	4	1	1	1
14	3	2	4	4
15	2	2	1	2
16	1	1	4	2
17	2	3	2	3
18	1	1	2	1
19	3	4	3	2
20	4	3	1	4

제 7 편

실전 문제

실기

단답형 20문항(각 2점)

001 다음은 국가사이버안전관리규정의 내용 중 10조의 2항에 대한 설명이다. 빈칸에 공통으로 들어갈 알맞은 답을 작성하시오.

■ 제10조의2 중앙행정기관의 장, 지방자치단체의 장 및 공공기관의 장은 사이버공격 정보를 탐지·분석하여 즉시 대응 조치를 할 수 있는 (   )를 설치·운영하여야 한다. 다만, (   )를 설치·운영하지 못하는 경우에는 다른 중앙행정기관(국가정보원을 포함한다)의 장, 지방자치단체의 장 및 관계 공공기관의 장이 설치·운영하는 (   )에 그 업무를 위탁할 수 있다.

답:

002 다음은 무엇에 대한 설명인지 빈칸에 알맞은 답을 각각 작성하시오.

(   ) : 공격 패턴을 기반으로 패턴과 일치하는 패킷에 대해서는 차단하는 보안 시스템이다. 주기적인 패턴 업데이트가 필요하며 정상 트래픽도 패턴과 일치할 경우 차단하므로 오탐 가능성이 있다.

(   ) : 무선상의 사이버 공격에 대한 방어와 불법적인 무선AP 및 무선 WiFi 등의 무선기기에 접속하는 것을 통제하기 위하여 운영된다.

답:

003 다음은 국가사이버안전관리규정의 내용 중 사이버위기경보 발령에 대한 설명이다. 빈칸에 알맞은 답을 작성하시오.

> 국가정보원장은 사이버공격에 대한 체계적인 대응 및 대비를 위하여 사이버공격의 파급영향, 피해규모 등을 고려하여 ( )·주의·( )·심각 등 수준별 경보를 발령할 수 있다. 다만, 민간분야에 대하여는 미래창조과학부장관이 경보를 발령하고, 국방분야에 대하여는 국방부장관이 경보를 발령하며, 국가정보원장, 미래창조과학부장관 및 국방부장관은 국가차원에서의 효율적인 경보 업무를 수행하기 위하여 경보 관련 정보를 발령 전에 상호 교환하여야 한다.

답 :

004 다음은 보안관제의 3원칙에 대해 설명한 내용으로 빈칸에 알맞은 원칙을 쓰시오.

> 첫째, 무중단의 원칙 ; 사이버공격을 실시간으로 신속하게 탐지·차단하기 위해서는 24시간 365일 중단 없이 보안관제업무를 수행해야 한다. 이를 위해 보안관제센터를 운영하는 기관의 장 또는 민간 보안관제업체는 적정 수의 보안관제 인력을 보유하고 교대근무 체계를 구축 하고 있다. 특히, DDoS 공격 등 정보 시스템이나 네트워크의 가용성을 저해하거나 마비시키는 사이버공격 또는 정보탈취를 위한 해킹공격은 실시간으로 신속하게 탐지 및 대응하는 것이 필수적이다.
> 둘째, 전문성의 원칙 ; 보안관제업무 수행을 위해서는 사이버공격 정보탐지 시스템 등 보안관제에 필요한 시설과 함께 정보 시스템 및 네트워크 이론을 포함한 프로그램 분석, 포렌식, 해킹기술 등 다양한 방면에 대한 전문지식과 경험, 노하우를 가진 인력이 매우 중요하다. 보안관제 시설 및 인력의 전문성 수준에 따라 사이버공격정보를 탐지 및 대응하는 수준이 차이가 난다.

> 셋째, (   )의 원칙 ; 사이버공격은 동일하거나 유사한 공격이 여러 기관에 걸쳐 동시 다발적으로 발생하는 특성을 가지고 있기 때문에 어느 한 기관이나 기업에서 보안관제를 완벽하게 수행하여 공격을 사전에 탐지·차단한다고 하더라도 다른 기관에서는 동일한 공격으로 인한 침해사고가 발생할 수 있다. 따라서 범 국가차원에서 사이버공격을 철저하기 탐지·차단·대응하기 위해서는 관계 법령에 위배되지 않는 범위 내에서 보안관제 관련 정보가 신속하게 공유되어야 한다.

답 :

005 다음은 무엇에 대한 설명인가?

> ○ 일방향 함수로 메시지 압축 기능을 갖고 있다.
> ○ 가변 길이의 값을 입력하면 고정길이의 값으로 출력 한다.
> ○ h(M) = H의 공식에서 M을 찾는 것이 계산상 불가능해야 한다.

답 :

006 다음에서 설명하는 암호화 방식의 종류는 무엇인지 괄호안에 들어갈 알맞은 답을 작성하시오.

> (   ) 방식은 암호화할 때 쓰는 키(key)와 암호를 해석할 때, 즉 복호화할 때 쓰는 키가 같은 암호 알고리즘 또는 방식을 일컫는다.

답 :

007 다음은 장치들 사이에 세션을 맺는 과정과 그 동작 원리에 대한 설명이다. 다음에서 설명하는 원리는 무엇인지 답을 쓰시오.

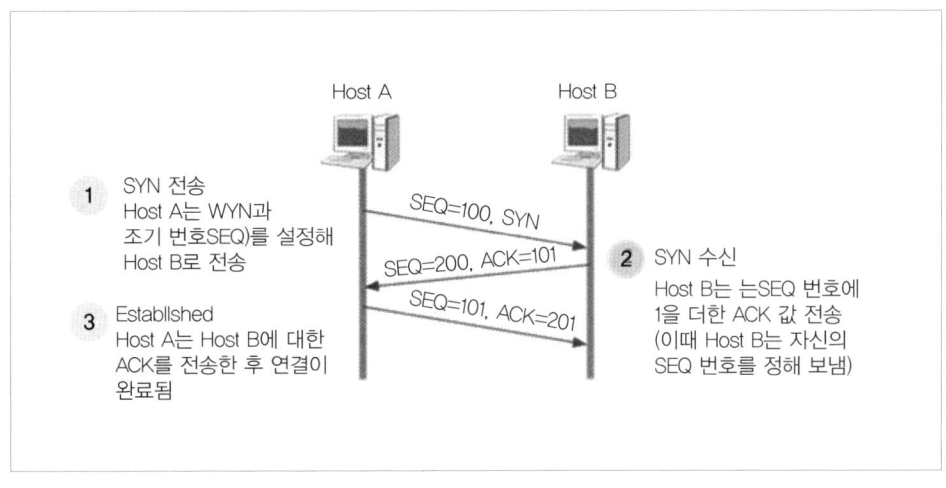

답 :

008 다음의 설명은 무엇에 대한 내용인지, 괄호안에 공통으로 들어갈 용어를 쓰시오.

> 현재의 IDS와 같이 rule을 이용한 분석 기능이 추가되고, 지속적인 기능 향상을 통해 지금과 같이 다양한 기능과 탁월한 성능을 갖춘 프로그램이 되었다.
> 현재 많은 침입탐지시스템 솔루션 제품에서 (   ) 룰 기반으로 정책을 설계하고, 전 세계에서 IDS 룰이라 함은 (   ) 룰을 비공식적으로 통용화 되고 있는 실정이다.

답 :

009 다음에서 설명하는 네트워크 토폴로지 종류는 무엇인지 각각 순서대로 답하시오.

> (   ) 방식 : 특정 노드의 신호가 케이블 전체에 전달되는 방식이고, 노드의 끝에는 터미네이터를 부착한다. 터미네이터를 붙이는 목적은 신호를 흡수함으로써 그들이 다시 반향되지 않도록 하는데 있다. 이더넷 네트워크에는 버스 양단에 50 옴의 저항을 가진 터미네이터를 부착해야하며, SCSI 체인에는 체인의 맨 끝에 한 개의 터미네이터를 부착해야 한다.
>
> (   ) 방식 : 중앙에 있는 주 컴퓨터에 여러 대의 컴퓨터가 별 모양으로 연결된 형태, 각 컴퓨터는 주 컴퓨터를 통하여 다른 컴퓨터와 통신을 할 수 있는 형태이다.

답 :

010 다음은 OSI 7 LAYER에 대한 설명이다. 괄호안에 계층이름과 장비명을 쓰시오.
(단, 장비명은 1개 만 쓰시오, 2개이상 적었으나 잘못된 장비명을 기술시 오답처리 됨)

physical layer 물리 계층(1계층)	비트 (bit)	허브, 리피터, DSU, CSU (전기적 신호 전송장비)
datalink layer 데이터 링크계층(2계층)	프레임 (frame)	스위치, 브리지
network layer 네트워크 계층(3계층)	패킷 (packet)	라우터, L3스위치 (패킷의 전달경로를 설정)
( ) <u>4계층</u>	세그먼트 (segment)	( )

계 층	전송데이터 단위	사용 장비 및 특징
session layer 세션 계층(5계층)	데이터그램 (datagram) =메시지	두 프로세스 사이의 가상경로 확립이나 해제를 수행, 통신세션을 구성하며 포트번호를 기반으로 연결한다.
presentation layer 표현 계층(6계층)	데이터그램 (datagram) =메시지	데이터 디코딩/인코딩, 암/복호화
application layer 응용 계층(7계층)	데이터그램 (datagram) =메시지	여러 어플리케이션 업무에서 필요로 하는 통신서비스를 제공, 일반적인 응용서비스를 수행

답 :

011 다음은 무엇에 대한 설명인가?

RSA 암호 개발자(Rivest)가 개발한 메시지 다이제스트 함수 알고리즘.

RFC 1321에 규정. 널리 사용되고 있는 알고리즘으로, 가장 일반적으로 사용되고 있는 간이 전자 우편 전송 프로토콜(SMTP) 서버 소프트웨어인 'sendmail'이나 도메인 네임 서버(DNS)의 사실상의 표준인 바인드(BIND) 소프트웨어 등의 인증에 사용된다.

이것은 임의의 길이의 메시지(variable-length message)를 입력받아, 128비트짜리 고정 길이의 출력값을 낸다. 입력 메시지는 512 비트 블록들로 쪼개진다. 메시지를 우선 패딩하여 512로 나누어 떨어질 수 있는 길이가 되게 한다. 최근에는 취약한 알고리즘으로 평가되어, 사용을 권장하지 않는다.

012 다음 괄호안에 들어갈 알맞은 용어를 순서대로 쓰시오.

> 식별(Identification) : 본인이 누구라는 걸 시스템에 밝히는 것이다. 접근 주체가 누구인지를 유일하게 판별하는 단계이다.
> ( ) : 시스템이 본인임을 주장하는 사용자가 그 본인이 맞는다고 인정해 주는 것이다. 식별된 주체가 원래 의도된 것인지를 입증하는 단계이다.
> ( ) : 인증 받은 자에게 자원에 대한 접근 권한을 허용하는 것이다. 주체의 신분에 따른 허가 등급이 필요하다.

답 :

013 다음에서 설명하는 접근통제 정책은 무엇인지 답하시오.

> 주체의 역할이나 임무에 따라 객체의 접근 권한을 제어하는 방식이다.
> 조직의 기능 변화나 인사이동에 따른 관리적업무의 효율성을 꾀할 수 있다.
> 역할에 따라 설정된 권한만 할당하기에 보안 관리를 아주 단순하고 편리하게 할 수 있다.
> 알 필요성 원칙, 최소권한 원칙, 직무분리 원칙이 지켜진다.
> 금융기관, 정부나 공공기관에서 효과적으로 사용된다.
> 오렌지북 C- 레벨의 요구사항이다.

답 :

014 다음은 안전한 패스워드 설정 방법에 대한 내용이다. 괄호안에 알맞은 답을 순서대로 작성하시오.

> 현재 정보통신망법(정보통신망 이용촉진 및 정보보호 등에 관한 법률)의 '개인정보의 기술적 · 관리적 보호조치 기준(고시)' 제4조 접근통제 항목에서 웹사이트의 비밀번호는 영문 대문자, 영문 소문자, 숫자, 특수문자 중 2종류 이상을 조합해 최소 (   ) 자리 이상 또는 3종류 이상을 조합해 최소 (   ) 자리 이상의 길이로 구성해야 한다고 규정하고 있다.

답 :

015 다음에 들어갈 알맞은 용어를 순서대로 쓰시오.

> (   )란 해킹수법의 하나로 해커들이 특정 컴퓨터에 침투해 자료를 삭제하거나 훔쳐가는 것이 아니라 하나의 공격지에서 대량의 접속을 유발해 해당 컴퓨터를 마비시키는 수법을 말한다.
> (   )란 위 공격방식과는 다르며, 여러 대의 공격자를 분산 배치하여 동시에 동작하게 함으로써 특정 사이트를 공격하는 해킹 방식의 하나이다. 서비스 공격을 위한 도구들을 여러 대의 컴퓨터에 심어놓고 공격 목표인 사이트의 컴퓨터시스템이 처리할 수 없을 정도로 엄청난 분량의 패킷을 동시에 범람시킴으로써 네트워크의 성능을 저하시키거나 시스템을 마비시키는 방식이다.

답 :

016 다음 괄호안에 들어갈 알맞은 답을 작성하시오.

> 보안관제 전문 업체 지정기준은 다음과 같다.
>
> - 자격을 갖춘 기술 인력을 (   )명 이상 보유할 것
>   (고급기술자 3명 이상, 중급기술자 6명 이상을 포함하여야 한다)
> - 자기 자본금이 (   )억원 이상일 것
>   (기업 재무제표의 자본총계를 의미한다.)
> - 최근 3년간 보안관제 수행실적 합계 금액이 30억 이상 또는 보안관제 수행 능력 평가기준에 따라 실시한 심사에서 70점 이상을 받을 것

답 :

017 다음에서 설명하는 웹 취약점 공격의 종류는 무엇인가?

> 기본적으로는 XSS 공격과 매우 유사하며 XSS 공격의 발전된 형태라고 보기도 한다.
> 하지만 XSS 공격은 악성 스크립트가 클라이언트에서 실행되는 반면, 이 공격은 사용자가 악성 스크립트를 서버에 요청한다는 차이가 있다.

답 :

018 다음 괄호안에 들어갈 알맞은 답을 순서대로 작성하시오.

> ( ) 공격 : 암호 해독자는 일정량의 평문 P에 대응하는 암호문 C를 알고 있는 상태에서 해독하는 방법으로 암호문 C와 평문 P의 관계로부터 키 K나 평문 P를 추정하여 해하는 방법
>
> ( ) 공격 : 암호 해독자는 단지 암호문 C만을 갖고 이로부터 평문 P이나 키 K를 찾아내는 방법으로 평문 P의 통계적 성질, 문장의 특성 등을 추정하여 해독하는 방법
>
> 선택 평문 공격 : 암호 해독자가 사용된 암호기에 접근할 수 있어 평문 P를 선택하여 그 평문 P에 해당하는 암호문 C를 얻어 키 K나 평문 P를 추정하여 암호를 해독하는 방법

답 :

019 다음은 리눅스 명령어에 대한 설명으로 괄호안에 들어갈 알맞은 답을 순서대로 작성하시오.

> ( ) : 접속 실패를 기록하는 파일인 btmp 파일을 열람한다는 것을 제외하고는 last 명령이와 같다.
>
> ( ) : 로그 파일은 /var/log/wtmp 파일에 위치하며 시스템의 부팅부터 현재까지의 모든 유저의 로그인과 로그아웃에 대한 정보를 가지고 있는데, 이 명령어로 내용을 볼 수 있다. 또한 로그인과 재부팅 로그를 출력하는 명령어다.

답 :

020 다음에서 설명하는 용어는 무엇인가?

> 사이버 범죄를 과학적으로 분석해 법적 대응 근거를 마련하는 디지털 증거화 기술 및 솔루션을 통칭하며, 컴퓨터 범죄 증거 수집과 보존을 위한 핵심적인 역할을 하는 것으로 용의자가 지웠다고 생각하는 파일과 데이터를 복구하는 방법이다.
> 또한 암호화된 데이터와 특수 소프트웨어에 의해 다른 파일 내에 숨겨진 스테가노그래피 데이터를 찾는 방법, 대체 데이터 스트림, 파티션 갭, 웹 캐시, 히스토리 로그, 스왑 파일을 비롯한 여러 곳에 남겨져 있는 증거를 찾는 방법을 뜻한다.

답 :

서술형 3문항(각 10점)

001 A기업은 실시간 보안관제를 효율적으로 수행하기 위하여 ESM 솔루션을 운영하고 있다. 통합보안관리시스템(ESM)에 대하여 기능적인 측면을 중심으로 설명하시오.

002 다음은 DDoS 공격의 일종이다. 다음에서 설명하는 공격 명칭과 대응법은 무엇인지 기술하시오.

> 공격자는 변조된 IP를 대상 서버에 다량의 패킷을 요청하여 서버가 서비스 거부하게 되는 DDoS공격의 일종이다. 즉, 클라이언트가 서버의 Syn Queue를 오버플로우 시켜서 바로 오동작 시키거나 Crash시키는 기법이다. 이때 정상적인 IP로 대상 서버에 Syn 패킷을 보내면 서버의 Syn Queue는 정상적으로 비워진다. 그러므로, 이 공격은 반드시 비정상적인 IP로 패킷을 보내서 클라이언트로부터 ACK 패킷을 받지 못하도록 하여야 한다. 여기서 말하는 비정상적인 IP는 반드시 네트워크에 존재하지 않는 IP 이어야만 한다.

003 스위치 환경에서는 기본적으로 스니핑이 불가능하다. 이러한 환경에서 스니핑을 하기 위해서는 스위치 재밍(Switch Jamming), ARP 스푸핑(Spoofing), ARP Redirect, ICMP Redirect 등을 이용하면 다양한 공격이 가능해진다. 스니핑 공격중에서 1개를 선택하여 그 의미와 공격기법을 작성하시오.

기술형 3문항/2선택(각 15점)

001 다음에서 설명하는 공격명칭과 대응방법을 상세하게 기술하시오.
(단, 대응법으로 보안장비를 이용한 방법은 제외하고 기술하시오.)

> 데이터베이스와 연동된 웹 어플리케이션에서 조작된 질의문을 삽입하여 웹 서버의 데이터베이스 정보를 열람 또는 조작을 할 수 있는 취약점이다.
> 아래 그림은 이 공격에 대한 흐름도이다.

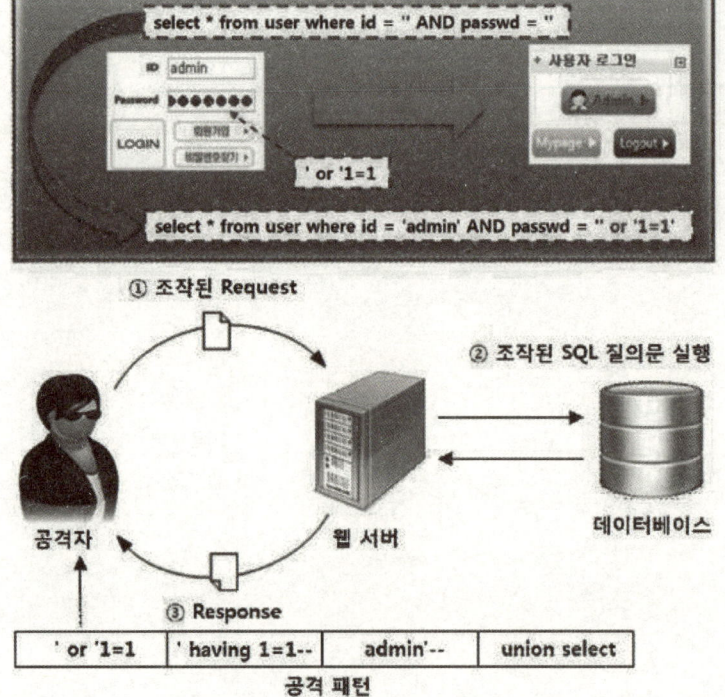

002 다음은 가정이나 회사, 커피숍 등 일반적으로 사용하는 무선공유기 제품의 그림이다. 이러한 무선공유기를 사용시에는 기본적으로 점검해야하는 보안 취약 사항이 있다. 무선보안 취약점에 대한 대응법 2가지를 기술하시오.

003 다음은 스노트(Snort) 룰을 이용한 탐지패턴이다. 아래의 질문들에 답하시오.

```
alert tcp any any -> 255.255.255.255 any (content:"POST";pcre:"/
(₩x2Exls|₩x2Exml|₩x2Exlsx)/";)
```

1) 스노트 룰의 정의에 대하여 서술하시오.

2) 위의 탐지패턴이 무엇을 뜻하는지 상세하게 설명하시오.

실기시험 정답지

단답형 1	보안관제센터	
단답형 2	IPS	WIPS
단답형 3	관심	경계
단답형 4	정보공유의 원칙	
단답형 5	해시(hash)	
단답형 6	대칭키	
단답형 7	TCP 3 Way Handshaking (TCP 쓰리웨이 핸드쉐이킹)	
단답형 8	스노트 (snort)	
단답형 9	버스형	스타형 (또는 성형)
단답형 10	transport layer (전송 계층)	게이트웨이 / L4스위치 등
단답형 11	MD5 (Message Digest Algorithm 5 = 메시지 다이제스트 알고리즘 5)	
단답형 12	인증 (authentication)	허가 (authorization)
단답형 13	RBAC (역할기반 접근통제)	
단답형 14	10	8
단답형 15	DOS	DDOS
단답형 16	15	20
단답형 17	CSRF (크로스사이트 요청변조)	
단답형 18	기지평문 공격	암호문 단독 공격
단답형 19	lastb	last
단답형 20	디지털 포렌식	

서술형 정답지

서술형 1

◎ ESM은 모든 보안장비 및 서버/네트워크 장비의 SYSLOG 등 모든 로그는 수집하여 정규식으로 표현하여 이해하기 어렵게 나열된 로그를 보기 쉽도록 나타냄에 따라 실시간 모니터링에 활용하고 있다.

◎ 방화벽, 침입탐지시스템(IDS), 가상사설망(VPN) 등 다양한 종류의 보안솔루션을 하나로 모은 통합보안관리시스템으로 최근 시스템자원관리(SMS), 네트워크자원관리(NMS)등 전사적 자원관리시스템까지 포함하는 형태로 개발되는 추세이다.

서술형 2

◎ 공격명 -〉 TCP Syn Flooding

◎ 서버의 백로그 큐를 늘려준다. 백로그 큐를 늘려서 로그가 꽉 차지 않도록 조절한다.
- DDoS 방화벽으로 공격을 차단한다. 또는 IPS 및 IDS로 탐지하여 공격 IP를 방화벽에서 차단하여 방어할 수도 있다.
- SYN_RECEIVED(SYN/ACK를 보내고 기다리는 시간) 시간을 줄여서 자원고갈을 막는다(서버 부하를 줄인다).
- ₩추가적으로 Syncookie 기능이 설정된 서버로 SYN 패킷이 들어온 경우, SYN 패킷의 일련번호에 1을 더하는게 아니라 출발지에 대한 정보와 비밀숫자를 만들어 해쉬함수를 이용해 쿠키를 생성한 놓은 후 SYN/ACK 패킷을 전송한다. 이때 돌아온 ACK 패킷의 정보를 바탕으로 한 계산 결과가 맞다면 쿠키는 유용하나 그렇지 않다면 위조된 패킷으로 간주하여 즉각 버리게 된다. 이 기능은 정상적인 상황에서는 작동하지 않으며 백로그 큐가 가득 찼거나, SYN Flooding 공격이 들어올 때만 반응하게 된다.

서술형 3

◎ 스위치 재밍(Switch Jamming) : 스위치의 MAC Address Table의 버퍼를 오버플로우 시켜서 스위치가 허브처럼 동작하게 강제적으로 만드는 기법을 말한다. 스위치는 Fail Open정책, 즉 실패 시에 모두 허용해주는 정책을 따르는 장비이므로 문제가 발생하면 Hub처럼 연결된 모든 노드에게 패킷을 전송한다.

◎ ARP 스푸핑(Spoofing) : 공격자가 특정 호스트의 MAC주소를 자신의 MAC주소로 위조한 ARP Reply 패킷을 만들어 희생자에게 지속적으로 전송하면 희생자의 ARP Cache에 특정 호스트의 MAC정보가 공격자의 MAC정보로 변경이 된다. 이를 통해서 희생자로부터 특정 호스트로 나가는 패킷을 공격자가 스니핑하는 기법이다.

◎ ARP 리다이렉트(Redirect) : 공격자가 자신이 라우터인 것처럼 MAC주소를 위조하여 ARP Reply 패킷을 해당 네트워크에 broadcst 한다. 이를 통해 해당 로컬 네트워크의 모든 호스트와 라우터 사이의 트래픽을 스니핑하고, IP Forward 기능을 통해 사용자들이 눈치채지 못하도록 하는 기법이다.

◎ ICMP 리다이렉트(Redirect) : ICMP Redirect 메시지는 호스트-라우터 또는 라우터간에 라우팅 경로를 재설정하기 위해 전송하는 메시지이다. 공격자가 이를 악용하여 특정 IP 또는 대역으로 나가는 패킷의 라우팅 경로를 자신의 주소로 위조한 ICMP Redirect 메시지를 생성하여 희생자에게 전송함으로서 패킷을 스니핑하는 공격기법이다.

기술형 정답지

기술형 1

◎ 공격명 -> SQL 인젝션
- 부연설명 : 패킷에서 [or"1"="1]을 보고, sql injeciton 공격인지 알 수 있다.

◎ 대응법 -> 웹서버에서 모든 사용자 입력 폼(로그인 폼, 검색 폼, URL 등)을 대상으로 특수문자, 특수구문 필터링 하도록 적용한다.
또한 바인딩된 질의문을 활용하여 질의문의 구조가 변경되지 않도록 해야 한다.
질의문에 필요한 변수를 직접 삽입하지 않고 바인딩이라는 과정을 통해 실행할 경우 SQL인젝션 공격을 예방할 수 있다.

↪ 동적 SQL 사용을 지양한다.
- 데이터베이스와의 연동 부분에서는 동적 SQL을 더 이상 사용하지 말고 저장 프로시저를 사용해야 한다. 지금까지도 많이 사용되고 있는 동적 SQL 완성 방식은 변수의 입력값을 연결시켜 SQL문을 완성(Concatenation of SQL)시키는 형태이므로 공격자의 SQL문 주입이 매우 용이하다.
- 저장 프로시저를 통해 데이터베이스 연동을 구현한다면, 이미 프로시저 내부에서 입력값에 대한 자료형 검증이 이루어지며, 해당 프로시저의 내부에서만 영향을 끼치기 때문에 보안 측면에서도 더욱 더 안전하고, 성능이나 유지보수 측면에서도 대단히 효과적이다.

↪ 안전한 웹사이트 설계와 구현한다.
- SQL 인젝션 취약점은 입력값 검증 절차 문제에 기인하므로, 개발단계에서부터 반드시 모든 입력값에 대해 적절한 검증절차를 설계하고 구현해야 한다.
- 입력값의 크기를 검사하고 특수문자가 있는 경우 위험하지 않은 문자로 치환한 후 입력값이 허용범위 내에 존재하는지 검사하는 방식이다.

기술형 1	⇨ 오류 내용의 표시를 차단하는 등 웹서버 보안을 강화한다.

- SQL 인젝션에 대한 근본적인 문제 해결을 위해서는 프로그램 보완 조치가 반드시 필요하지만, 웹 서버의 보안 강화 설정을 통해서도 보완적인 효과를 볼 수 있다.

⇨ 웹 방화벽의 활용한다.

- 웹 보안 취약점의 근본적인 문제 해결을 위해서는 프로그램의 보완조치가 반드시 필요하지만 운영 중인 홈페이지에서 프로그램 수정으로 인한 문제들도 검토해 조치해야 하기 때문에 그 시간 동안은 웹 방화벽이나 부가적인 보완조치들을 통해 시간을 확보할 수 있다.

⇨ 웹보안 취약점에 대한 점검한다.

- 설계와 구현에 있어서 안전한 개발 절차에 따라 개발되었더라도 존재할 수 있는 보안 문제들을 점검하고 진단하는 과정이 필요하다.
- 특히 SQL 인젝션의 경우는 프로그램 소스 상에서 입력값 검증이 적절히 이루어졌는지 점검(White box test) 해 보고 웹 취약점 점검 도구를 병행하여 점검(Black box test)해 본다면 더욱 더 안전한 웹 서비스 운영이 될 것이다.

기술형 2	◎ 무선 보안취약점 보완 및 대응방법

◎ SSID 브로드캐스트 발생되지 않도록 설정 변경조치 : 무선 AP는 사용자의 접속을 편리하게 하기위해 SSID의 브로드캐스트가 기본적으로 설정되어있다.

- 이 기능을 사용하게 되면 수신영역 안에 존재하는 모든 무선 단말기는 해당 무선 네트워크를 확인할 수 있다.
- 이로 인해 허가되지 않은 비인가자 및 불특정 다수가 네트워크에 접속을 시도하여 무선 AP의 자원을 소모하게 되거나 무선 AP가 안전하지 않은 인증 및 암호화 설정을 사용하는 경우 보안 위협에 노출될 수 있다.
- 그러므로 SSID 브로드캐스트가 발생되지 않도록 설정을 변경하여야 한다.

| 기술형 2 | ◎ 장비의 출고시 초기 관리자의 ID/Password는 설정되어 있지 않거나 쉽게 설정되어 있으며 이는 암호화 설정을 하지 않은 보안수준으로써, 반드시 통용되는 수준의 암호설정(숫자, 영문자, 특수문자 등 조합 강도 높게 설정)을 통해 무선 AP를 관리·운영하도록 한다. |

◎ SSID를 숨김모드로 설정하여 허가되지 않은 사용자들의 접근을 제한 하고 SSID를 장비명, 회사명 등으로 설정하지 않도록 하여 공격 목표가 되지 않도록 설정한다.

◎ MAC 필터링 : 각각의 무선단말장치에 부여되는 고유한 번호(MAC)를 통해 사용자 인증을 하는 방식이다.
- 접속을 허용하는 사용자의 단말기 MAC을 사전에 등록하고 등록된 장비 접속을 허용한다.
- 하지만 무선랜에 대한 도청을 통해 인가된 무선단말장치의 번호를 수집 후 비인가된 장치의 MAC을 변조하여 접속을 시도하게 되는 위협이 존재하므로 추가적인 보안대책이 필요하다.

◎ 무선 AP를 통하여 공격자가 접속 시에 DHCP 서비스가 활성화 되어 있다면 비인가자 단말기는 자동으로 내부의 IP를 할당받아 내부 네트워크에 접속하게 된다.
- 이를 방지하기 위해 무선 AP에서 DHCP 서비스를 사용하지 않고 고정 IP를 사용하여 접속하도록 강화한다.

| 기술형 3 | ◎ Snort란 공격을 탐지하기 위해 작성된 시그니처(문자) 기반의 탐지방식이다. IDS 및 IPS에서 사용되어진다. |

◎ 설명 : 1) 프로토콜은 tcp이고 출발지는 any 포트는 1024이상의 포트를 사용하고 목적지IP와 포트는 둘다 any이고 타입은 POST방식을 사용하며 .hwp 또는 .xls인 패킷을 탐지하는 내용이다.

2) 목적지 ip가 any이고, 목적지 포트가 any이므로, 탐지패턴이 정교하지 않아 시스템 성능에 부하를 발생시킬 수 있다. 이러한 pcre를 이용한 패턴을 살펴본다면, 포트를 범위로 표현하고자 한다면 :를 사용하여 범위를 표현해주면 된다.

기술형 3

예를 들어 192.168.200.30 1:1024 는 포트가 1~1024인 패킷, 192.168. 200.30 1024: 는 포트가 1024이상인 패킷, 192.168.200.30 :1024 는 포트가 1024이하인 패킷으로 표현된다. 즉 : 쌍점이 왼쪽에 있느냐 오른쪽에 있느냐의 차이점이다.

⇨ 스노트 룰의 구조는 룰헤더와 룰옵션으로 구성되며, 옵션과 옵션은 세미콜론(;)으로 구분하고, 룰 옵션을 구성하는 옵션키와 옵션값은 콜론(:)으로 구분한다.

룰 액션	프로 토콜	출발지 IP	출발지 포트	방향	목적지 IP	목적지 포트	탐지룰 패턴	탐지룰 명
arert	tcp	ary	any	->	any	any	content:"attack":)	(m sg:"arrack":
룰 헤더 (header)								룰 옵션 (Option)	

■ 룰 헤더

action	의미
alert	alert를 발생하고 패킷을 기록한다.(로그에 남긴다)
log	패킷을 기록한다.
pass	패킷을 무시한다.
activate	alert를 발생시키고, 대응하는 dynamic 시그너처를 유효하게 한다.
dynamic	activate 시그너처에 의해 유효하게 된 경우에 log 액션과 같이 로그를 남긴다.
reject	drop과 동일하지만, TCP일 경우에는 RST 패킷으로 응답하고, UDP일경우에는 ICMP Destination Unreachable 메시지를 남긴다.
drop	패킷을 차단하고 로그 남긴다.
sdrop	패킷을 차단하고 로그를 남기지 않는다.

기술형 3	⇨ 시그니처 헤더에 대한 설명

- alert(Action) : 경고를 생성하여 로그를 남김
- tcp(Protocol) : 어떠한 프로토콜인지 IP, UDP, ICMP, TCP가 존재
- any(SRC_IP) : 출발지 IP를 의미
- any(SRC_PORT) : 포트주소를 표기하는데 여기서 모든 포트를 탐지한다는 뜻으로 any를 사용함
- -〉(방향지시자) : 패킷이 가는 방향을 의미하며, -〉〈 〉이 존재한다. 그 뒤로 똑같은 목적지 IP, 목적지 PORT로 이루어져 있다.

⇨ 시그니처 옵션부분에서는 해당 pcre 문구를 살펴보도록 하겠다.

- content : "POST" : 해당 패킷이 POST방식이면으로 구분을 나눠줄 수 있다.
- pcre : pcre패턴의 시작을 의미하여
- \x : 16진수 숫자와 일치
- 2E : . 을 표시하며 2Exls는 .xls로 표시된다.
- |(버티컬 바) : or 라는 뜻이다. 왼쪽 혹은 오른쪽과 일치하는 것은 탐지한다.

MEMO

부록

용어 설명

용어설명

정보보안관제사 실전·기출 문제집

감염 PC(좀비 PC)
악성 봇에 감염되어 사용자 이외의 다른 사람(해커)에 의해 원격으로 조정되는 컴퓨터이다.

개행 문자
인자 또는 표시의 위치를 다음 행의 최초의 위치로 이동시키는 서식 제어 문자이다. 즉, 인자 위치나 표시 위치를 다음의 인자 행이나 표시 행의 최초의 장소로 이동시키기 위한 서식 제어 문자이다.

국가사이버안전센터(National Cyber Security Center, NCSC)
국가정보원이 사이버 테러로부터 국가 정보 네트워크를 보호하기 위해 설립한 기구. 인터넷 침해 사고에 대한 사이버 공격 감시, 정보 지원, 예방 활동, 사고 복구 등 종합 보안 서비스를 제공한다. 국가 기관의 정보 네트워크를 직접 모니터하고 '인터넷 침해 사고 대응지원 센터', '국방 정보전 대응 센터', '보안 관제 센터', '정보 공유 분석 센터(ISAC)', '컴퓨터 침해 사고 대응팀' 등 국내외 사이버 보안 또는 침해 사고 대응 기구들과 협력해 각종 위협 정보를 종합적으로 분석하고 공격 징후를 탐지해 각급 기관에 안전 대책을 제공한다. 사이버 위협은 정상(녹색)-관심(청색)-주의(황색)-경계(주황색)-심각(적색)의 5단계로 나누어 경보한다. 각종 침해 사고 발생 시 예·경보 발령과 함께 보안 권고문을 작성·배포하고, 피해 발생 시 사고 원인 규명 및 긴급 복구를 지원한다.

국제상호인정협정(Common Criteria RecognitionArrangement, CCRA)
정보보호제품의 평가결과를 국가 간 상호 인정하기 위한 협정이다.

기반시설장애관리시스템(Facility Management System, FMS)
서버, 네트워크, 전산장비 등을 체계적으로 관리하고 운영하기 위한 시설물 관리시스템이다.

네트워크관리시스템(Network Management System, NMS)
망 관리 업무를 지원하기 위한 컴퓨터 시스템으로 네트워크 스위치나 연결된 서버들의 네트워크 끊김 현상을 체크하는 기능이 핵심기능이다.

네트워크 주소 변환(Network Address Translation, NAT)
사내의 개별 주소와 정식 IP 주소를 상호 변환하는 기능을 한다. 이러한 기능에 의해 개별 주소가 할당되지 않은 노드에서도 인터넷에 접속할 수 있다. TCP/IP의 전송 계층(Transport Layer)이나 응용 계층의 통신 규약에 대한 변환을 하여 특정 TCP/IP 응용을 이용하도록 한다. 패킷 헤더에 있는 발신원 주소와 IP 주소만 식별할 수 있으므로 개별 주소와 IP 주소의 대응은 항상 1:1이 되어야 한다. 그러므로 1개의 IP 주소를 사용해서 외부에 접속할 수 있는 노드는 어느 시점에서 1개만으로 제한되는 문제가 있으나, IP 매스커레이드(IPmasquerade, IPM)를 이용한다.

데이터베이스 (Database, DB)
자료 기지 또는 자료 틀. 동시에 복수의 적용 업무를 지원할 수 있도록 복수 이용자의 요구에 호응해서 데이터를 받아들이고 저장, 공급하기 위하여 일정한 구조에 따라서 편성된 데이터의 집합. 기업이나 조직체의 활동에 필요 불가결한 자원이 되는 정보에 대한 다양한 요구에 응하기 위하여 대량의 정보를 수집·관리하여 공동으로 이용. 데이터베이스의 특징은 어느 특정한 적용 업무나 응용 시스템이 아니라 동시에 복수의 적용 업무나 응용 시스템에 대한 데이터의 공급 기지로서 공유할 필요가 있는 데이터를 보관·관리한다. 이 점에서 특정 목적을 위한 데이터를 관리하는 파일과는 근본적으로 다르다. 데이터의 특성, 실체 상호 간의 의미 관계와 형식 관계를 기술한 개념적인 구조에 따라서 편성된 데이터의 집합이다. 동일한 내용의 데이터가 중복되어 있지 않아야 하고, 다양한 접근 방식이 마련되어 있어야 하며, 검색이나 갱신이 효율적으로 이루어질 수 있도록 해야 한다. 자기 디스크나 자기 테이프 등 컴퓨터에서 사용할 수 있는 보조 기억 장치에 저장된다. 데이터의 완전성(Data Integrity)이 보증되어야 하고 안전 보호(Security), 동시 접근이나 장애 회복 기능 등이 마련되어야 한다.

도메인(Domain)

TCP/IP 환경(인터넷)에서 호스트 시스템이나 망의 일부분을 식별하기 위한 인터넷 주소의 지정 단위이다.
지역별/국가별로 지정하는 최상위 도메인과 최상의 도메인 내에서 지정하는 부속 도메인이 있다.

동기 스캐닝(SYN scanning)

완전한 TCP 접속을 하지 않고도 통신 포트를 알아내기 위해 사용되는 해커들의 수단이다. 반개방(Halfopen) 스캐닝 또는 스텔스(Stealth) 스캐닝이라고도 한다. 서비스 거부(DOS) 공격을 실행하기 위해 사용되는 방법으로 완전한 TCP 연결을 맺지 않고, 대상 포트로 SYN 패킷을 전송하여 포트 상태를 알아낸다. 대상 포트로부터 SYN/ACK을 받으면 대상 포트가 열린 상태인 것으로, RST/ACK를 받으면 닫힌 상태인 것으로 판단한다. 이와 같이 반개방 연결을 통하여 포트가 열린 상태인지 닫힌 상태를 확인하기 때문에 TCP 연결 스캐닝에 비하여 비밀스러운 연결 설정으로 시스템에 로그가 기록되지 않고 스캐닝 속도가 빠르기 때문에 가장 많이 사용하는 방법이다.

라우터(Router)

네트워크 간의 연결점에서 패킷에 담긴 정보를 분석하여 적절한 통신 경로를 선택하고 전달해 주는 장치이다. 라우터는 단순히 제2 계층 네트워크를 연결해 주는 브리지 기능에 추가하여 제2 계층 프로토콜이 서로 다른 네트워크도 인식하고 가장 효율적인 경로를 선택하며, 흐름을 제어하고, 네트워크 내부에 여러 보조 네트워크를 구성하는 등의 다양한 네트워크 관리 기능을 수행한다.

ㄹ

메소드(Method)
상호운용성과 관련되어 일어나는 단위 행위이다. 각각의 메소드는 입출력 파라미터들을 통해 요청 및 응답하게 된다.

메타데이터(Metadata)
일련의 데이터를 정의하고 설명해 주는 데이터이다. 컴퓨터에서는 데이터 사전의 내용, 스키마 등을 의미하고, 하이퍼텍스트 생성 언어(HTML) 문서에서는 메타 태그 내의 내용이 메타데이터이다. 방송에서는 방대한 분량의 저작물을 신속하게 검색하기 위해서 프로그램 제작 시 촬영 일시, 장소, 작가, 출연자 등과 음원의 경우 작곡자나 가수명 등을 메타데이터로 처리한다. 메타데이터는 여러 용도로 사용되나 주로 빠른 검색과 내용을 간략하고 체계적으로 하기 위해 많이 사용된다. 엠페그(MPEG)에서는 메타데이터에 대한 표준으로 엠페그 7 표준 규격(MPEG 7)을 제정했다.

메타스플로잇(Metasploit)
오픈소스 도구로 공격 코드, 페이로드 인코더, 정찰 도구, 보안 테스팅 등을 제공하는 일종의 체계이다.

모질라 파이어폭스(Mozilla Firefox)
모질라 재단과 모질라 코퍼레이션이 개발하는 자유 소프트웨어 웹 브라우저로 윈도우, 리눅스, OS X, 그리고 안드로이드에서 실행할 수 있다. 이 브라우저는 2014년 2월 기준, 전 세계 웹 브라우저 시장 점유율 약 12%~22%를 차지하고 있으며 지역에 따라 두 번째나 세 번째로 가장 많이 쓰이는 웹 브라우저이다. 모질라에 따르면 전 세계 4억 5천만 명 이상의 사용자가 있다. 특히 인도네시아, 이란, 독일, 폴란드에서는 가장 인기 있는 웹 브라우저로 각각 55%, 46%, 43%, 41%의 시장 점유율을 기록한다.

무선AP
무선 액세스 포인트(Wireless Access Point, WAP)는 컴퓨터 네트워크에서 와이파이, 블루투스 관련 표준을 이용하여 무선 장치들을 유선 장치에 연결할 수 있게 하는 장치를 가리킨다. WAP는 일반적으로 유선망을 거치는 라우터에 연결되며 컴퓨터, 프린터와 같은 무선 장치와 네트워크 상의 유선 장치 간 데이터를 중계할 수 있다.

ㅂ

바이러스(Virus)
자기 자신을 복제할 수 있는 기능을 가지고 있으며 컴퓨터 프로그램이나 실행 가능한 부분을 변형시키고 그곳에 자신 또는 자신의 변형을 복사해 넣는 명령어들의 조합이다.

바이럿(Virut) 바이러스
DDoS 공격을 수행하는 바이러스의 일종으로, 감염되면 과도한 트래픽 증가를 유발시켜 전체 네트워크 속도를 현저히 떨어지게 한다.

백본 스위치
내부 사용자들의 네트워크 접속을 위해서 하나의 네트워크의 기반 뼈대이다, 백본(Back Bone) 스위치는 말 그대로 가장 큰 내부 네트워크 스위치. 백본스위치에서 분배하여 워크그룹 스위치를 설치하여 운영한다.

버퍼 오버플로우(Buffer Overflow, BUFOFL)
메모리에 할당된 버퍼의 양을 초과하는 데이터를 입력하여 프로그램의 복귀 주소(Return Address)를 조작, 궁극적으로 해커가 원하는 코드를 실행하여 공격하는 방법이다.

보안서버
사용자 PC와 웹서버 사이에 송수신되는 개인정보를 암호화하여 전송하는 서버로, SSL인증서 방식과 응용 프로그램 방식이 있다.

보안 토큰(Hardware Security Module, HSM)
전자 서명 생성 키 등 비밀 정보를 안전하게 저장 및 보관할 수 있고 기기 내부에 프로세스 및 암호 연산 장치가 있어 전자 서명 키 생성, 전자 서명 생성 및 검증 등이 가능한 하드웨어 장치로 기기 내부에 저장된 전자 서명 생성 키 등 비밀 정보는 장치 외부로 복사 또는 재생성되지 않는다.

분산 서비스 거부 공격(Distributed Denial of Service attack, DDoS)
해커가 감염시킨 대량의 좀비 컴퓨터를 이용해 특정 시스템으로 다량의 패킷을 무차별적으로 보내 과다 트래픽으로 시스템을 마비시키는 사이버 공격이다. 공격자는 다양한 방법으로 일반 사용자 PC(숙주 PC)에 봇을 감염시키고, 악의로 컴퓨터를 조종하여 표적 시스템의 데이터베이스(DB) 삭제, 서버 마비 등 사이버 공격을 하는 것이 특징이다.

사물 인터넷(Internet of Things, IoT)

정보 통신 기술을 기반으로 실세계(Physical World)와 가상 세계(Virtual World)의 다양한 사물들을 연결하여 진보된 서비스를 제공하기 위한 서비스 기반 시설이다. 유비쿼터스 공간을 구현하기 위한 인프라 컴퓨팅 기기들이 환경과 사물에 심겨 환경이나 사물 그 자체가 지능화되는 것부터 사람과 사물, 사물과 사물 간에 지능 통신을 할 수 있는 사물 통신(M2M : Machine to Machine)의 개념을 인터넷으로 확장하여 사물은 물론, 현실과 가상 세계의 모든 정보와 상호 작용하는 개념으로 진화했다. 사물 인터넷(IoT)의 주요 기술로는 센싱 기술, 유무선 통신 및 네트워크 인프라 기술, 사물 인터넷 인터페이스 기술, 사물 인터넷을 통한 서비스 기술 등이 있다.

서버장애관리시스템(Server Management System, SMS)

서버의 성능 및 장애에 대해 모니터링하는 시스템이다.

서비스수준협약(Service Level Agreement, SLA)

보안관제 및 시스템 유지보수를 수행할 경우에 사업수행자가 서비스 품질을 유지 또는 잘 이행하는지를 평가하는 기준에 대한 협약사항이다.

세션(Session, 작업시간)

망 환경에서 사용자 간 또는 컴퓨터 간의 대화를 위한 논리적 연결을 뜻한다. 프로세스들 사이에 통신을 수행하기 위해서 메시지 교환을 통해 서로를 인식한 이후부터 통신을 마칠 때까지의 기간이다.

스노트(Snort)

실시간 트래픽 분석과 IP 네트워크에서의 패킷 처리를 담당하는 공개 소스 네트워크 침입 방지 시스템(IPS)이다. 프로토콜 분석, 콘텐츠 검색 및 조합 작업을 할 수 있으며 버퍼 오버플로우, 은폐형 포트 스캔, CGI 공격, SMB 프로브, OS 핑거프린팅 시도와 같은 다양한 공격을 감지할 수 있다. 또한 유연한 언어 사용으로 트래픽을 분석하며 모듈화된 탐지 엔진을 지원하고 실시간 경고 기능도 지원한다.

스위칭 허브

스위치나 스위칭 허브라고 하면 일종의 그냥 허브보다는 지능화되어 빠른 네트워크 속도의 성능을 발휘하는 장비이다. 통상적으로 허브는 기능에 따라 더미허브와 스위칭허브가 있는데, 더미허브는 말 그대로 더미(Dummy, 바보 먹통)라는 뜻이며 속도가 빠르지 않다.

스파이웨어(Spyware)

사용자의 동의 없이 또는 사용자를 속여 설치되어 광고나 마케팅용 정보를 수집하거나 중요한 개인 정보를 빼가는 악의적 프로그램이다. 구체적으로, 브라우저의 기본 설정이나 검색, 또는 시스템 설정을 변경하거나 각종 보안 설정을 제거하거나 낮추고, 사용자 프로그램의 설치나 수행을 방해 또는 삭제하나 자신의 프로그램은 사용자가 제거하지 못하도록 하며, 다른 프로그램을 다운로드하여 설치한다. 심한 경우에는 키보드 입력 내용이나 화면 표시 내용을 수집하거나 전송한다. 대개 인터넷에서 무료로 공개되는 소프트웨어를 다운로드 받을 때 사용자도 모르게 함께 설치되며, 트로이목마나 백도어와는 달리, 치명적인 피해나 불편을 주지 않더라도 여러 악의적인 목적으로 사용될 수 있기 때문에 주기적으로 탐지 프로그램 등을 사용하여 제거하는 것이 바람직하다.

스팸(Spam)

인터넷상의 다수 수신인에게 무더기로 송신된 전자 우편(e-mail) 메시지, 또는 다수 뉴스그룹(Newsgroup)에 일제히 게재된 뉴스 기사를 뜻한다. 우편을 통해 불특정 다수의 수취인에게 무더기로 발송된 광고나 선전 우편물(Junk Mail)과 같은 의미이다. 스팸은 대부분의 경우에 수신인이 원하지도 않고 관심도 없는 메시지이거나 각 뉴스그룹의 토론 주제와도 상관이 없는 기사들이다. 이와 같은 메시지를 송신하거나 기사를 게재(Port)하는 행위를 스패밍(Spamming)이라고 한다. 스패밍은 명목상의 아주 적은 비용으로 다수의 사람들에게 상품을 광고하거나 특정 종교를 포교하거나 심지어 특정인, 특정 상품 또는 특정 기업을 비방할 목적으로 인터넷을 악용하는 행위로 취급받는다.

스팸차단리스트(Real-time Blocking List, RBL)
실시간 스팸차단리스트이다. 국내외 스팸정보를 실시간으로 취합·분석·확인하여, 스팸차단을 위해 등급별로 제공하는 IP 리스트이다.

시큐어 코딩(Secure Coding)

소프트웨어를 개발할 때 보안 부분에 취약함이 있을 수 있는 부분을 보완해 개발한 프로그램. 시큐어 코딩은 개발하는 소프트웨어가 복잡해짐으로 인해 보안 상 취약점이 발생할 수 있는 부분을 보완하여 프로그래밍하는 것이다. 안전한 소프트웨어를 개발하기 위해 지켜야 할 코딩 규칙과 소스 코드 취약 목록이 포함된다. 실제 미국은 지난 2002년 연방정보보안관리법(FISMA)을 제정해 시큐어 코딩을 의무화했고, 마이크로소프트는 윈도 비스타를 개발할 때 시큐어 코딩을 도입했다.

악성봇

타인의 PC에 침투하여 원격으로 스팸메일 전송, DDoS 공격 등의 행위를 하는 프로그램이다. 악성코드 정보시스템의 정상적인 작동을 방해하기 위하여 고의로 제작·유포·전파되는 악성 프로그램으로, 주변 시스템의 네트워크·USB 등의 매개체를 통해 자기자신을 전파(복제)시키는 특징이 있다. 1990년대 말 부터는 웜바이러스, 트로이목마, 바이러스 등을 총칭하여 악성 코드(Malicious Code 또는 Malicious Software를 줄여 Malware)로 확대하여 부른다.

애드웨어(Adware)

무료로 사용되는 프리웨어(Freeware)나 일정한 금액으로 제품을 구매해야 하는 셰어웨어(Shareware) 등에서 광고 보는 것을 전제로 사용이 허용되는 프로그램. 광고성 자체는 정당한 행위에 속하나, 정상적인 컴퓨터 사용을 불가능하게 할 정도로 무분별한 팝업 광고나, 인터넷 브라우저의 시작 페이지를 고정하여 사용자의 인터넷 이용을 불편하게 하는 경우, 사용자도 모르게 개인의 정보가 제3자에게 넘어가게 하는 스파이웨어(Spyware) 등이 있을 수 있으므로 컴퓨터 안전과 프라이버시 면에서 세심한 주의가 필요하다.

역공학(Reverse Engineering)

완성된 제품을 상세하게 분석하여 제품의 기본적인 설계 개념과 적용 기술들을 파악하고 재현하는 것이다. 설계 개념 → 개발 작업 → 제품화의 통상적인 추진 과정을 거꾸로 수행하는 공학 기법이다. 보통 소프트웨어 제품은 판매 때 소스는 제공하지 않으나 각종 도구를 활용하여 컴파일된 실행 파일과 동작 상태를 정밀 분석하면 그 프로그램의 소스와 설계 개념을 어느 정도는 추적할 수 있다. 이러한 정보를 이용하면 실행 파일을 수정하거나 프로그램의 동작을 변경하는 것이 가능하고, 또 비슷한 동작의 복제 프로그램이나 더욱 기능이 향상된 프로그램도 개발해 낼 수가 있다. 대부분의 제품이 이의 금지를 명문화하고 있고, 이러한 수법으로 개발한 제품은 지적 재산권을 침해할 위험성이 있다.

워크그룹 스위치

백본 스위치에 연결된 워크그룹 스위치는 각 사무실이나 건물에 한대 또는 2대를 설치하여 pc를 연결하여 사용하는 것이 일반적이다(보통 24포트 36포트 48포트. 24포트는 24대의 컴퓨터를 연결하여 사용한다는 뜻).

웜(Worm)

컴퓨터 시스템을 파괴하거나 작업을 지연 또는 방해하는 악성 프로그램으로, 컴퓨터 바이러스와 달리 다른 프로그램을 감염시키지 않고 자기 자신을 복제하면서 통신망 등을 통해서 널리 퍼진다. 주로 메일이나 네트워크 공유폴더 등을 통해 전파되어 시스템과 네트워크에 부하를 높인다.

웹 방화벽(Web Firewall)

웹 해킹을 방어하기 위한 웹 서버에 특화된 방화벽이다. 일반 방화벽에서는 탐지하지 못하는 웹 관련 공격 경로를 감시하고 공격이 웹 서버에 도달하기 전에 차단하는 보안 솔루션이다.

웹쉘 (WebShell)

업로드 취약점을 통하여 해커가 원격에서 웹서버를 조종할 수 있도록 작성한 웹 스크립트이다.

위협관리시스템(Threat Management System, TMS)

IPS와 동일한 방식으로 사이버 공격을 탐지하는 장비로, 탐지패턴(시그니처)을 이용하여 공격을 탐지한다.

인터넷전화(Voice over Internet Protocol, VoIP)

인터넷망을 이용해 음성 전화를 주고받는 기술 또는 이를 이용한 서비스이다.

자바(Java)

미국의 선 마이크로시스템스사가 개발한 프로그래밍 언어로, 다양한 운영체제에서 호환성이 우수하여 웹 관련 제품 개발시 많이 사용한다.

정보보호 관리체계(Information Security Management System, ISMS) 인증
정보통신망의 안전성 확보를 위하여 수립·운영하고 있는 관리적·기술적·물리적 보호조치 등 종합적인 관리체계에 대한 인증제도(정보통신망법 제47)이다.

정보보호안전진단
ISP, IDC, 쇼핑몰 등 정보통신서비스제공자에게 정보보호지침(안전진단 기준)을 의무적으로 준수하도록 하고, 이행 여부를 매년 안전진단 수행기관으로부터 확인받는 제도로 2004년 시행 이후 2013년 폐지되었다.

정보보호제품 보안성 평가
정보보호제품의 설계단계에서 구현, 배포, 설치단계까지 전 과정의 안전·신뢰성을 검증하는 제도이다.

정보통신 기반시설
중앙행정기관의 장이 소관분야의 정보통신기반시설 중 국가사회적 중요성, 국가안전보장과 경제사회에 미치는 영향 등을 고려하여 전자적 침해 행위로부터 보호가 필요하다고 인정하여 정보통신기반보호법에 의거하여 지정한 시설이다. 이 시설로 지정될 경우 정보통신기반보호법에 따라 보호 계획을 세우고 취약점을 평가하는 일련의 조치를 취해야 한다. 정부는 정보통신 기반 시설을 2008년 109개 지정한 이후 2011년 153개로 늘렸다. 여기엔 농협을 비롯해 17개 금융 기관과 한국전력공사, 한국가스공사, 우정사업본부, 코레일, KT, SK텔레콤 등이 포함되어 있다.

주소위장 기법(ARP 스푸핑)
LAN 카드의 고유주소 식별정보(ARP, Address Resolution Protocol)를 가로채고 변조하여 해킹을 유발하는 기법이다.

취약점(Vulnerability)
시스템의 기능명세, 설계 또는 구현단계의 오류나 시동, 설치 또는 운용상의 문제점으로 인하여 시스템이 지니게 되는 보안상의 약한 부분이다.

침입방지시스템(Intrusion Prevention System, IPS)

방화벽과 같은 IP를 기반으로 위협을 탐지/방어하는 것이 아니라, 웹 주소 기반 및 특정 탐지 패턴을 등록하여 탐지하고 방어가 가능한 시스템이다. IDS(침입탐지시스템)은 탐지만 되는 장비인데, IDS 장비에 방어/차단 기능까지 접목시켜 제작된 지능화된 시스템이다. TMS와의 차이점은 TMS는 탐지만 하고 방어기능이 없는 대신 IPS는 탐지하고 방어까지 하는 기능이 있다는 것이다.

침해사고

외부 또는 내부의 악의적인 사용자에 의한 비인가된 시스템 사용, 사용자 계정의 도용, 악성코드(웜·바이러스) 유입 및 실행, 정보시스템 방해 등 시스템의 서비스를 왜곡·지연시키거나 시스템을 파괴, 데이터를 변조, 삭제하는 등의 행위를 말한다.

침해사고대응팀(Computer Emergency Response Team, CERT)

해킹 또는 바이러스 사고 발생에 다른 사고의 분석, 처리, 사후복구, 사후 예방 조치 등의 업무를 수행하는 조직을 말한다.

크로스사이트 스크립팅(Cross Site Scripting, XSS)

게시판, 웹 메일 등에 삽입된 악의적인 스크립트에 의해 페이지가 깨지거나 다른 사용자의 사용을 방해하거나 쿠키 및 기타 개인 정보를 특정 사이트로 전송하는 공격이다.

크로스사이트 스크립팅 취약점(Cross Site Scripting Vulnerability, XSS Vulnerability)

게시물에 실행코드와 태그의 업로드가 규제되지 않는 경우 이를 악용하여 열람한 타 사용자의 PC로 부터 정보를 유출할 수 있는 보안 취약점이다. 게시판에 새 게시물을 작성하여 등록할 때와 같이 사용자의 입력을 받아 처리하는 웹 응용프로그램에서 입력 내용에 대해 실행코드인 스크립트의 태그를 적절히 필터링하지 않을 경우에 악의적인 스크립트가 포함된 게시물을 등록할 수 있어 해당 게시물을 열람하는 일반 사용자의 PC로부터 개인정보인 쿠키를 유출할 수 있는 등의 피해를 초래할 수 있다.

 예 : 글쓰기 본문에 다음과 같은 스크립트 문장을 입력할 때 'XSS 취약점 존재' 경고창이 뜨면 스크립트가 수행된 것이므로 취약점이 있는 것이다.

  〈 script 〉alert'(XSS 취약점 존재') ; 〈 /script 〉

ㅌ

통합보안관제시스템(Enterprise Security Management, ESM)

통합보안관제시스템은 방화벽, IPS 등 각기 다른 보안장비에서 탐지한 탐지로그를 수집하여 관제할 수 있도록 돕는 시스템이다. 이 장비의 장점은 방화벽, IPS 등 여러 대의 탐지로그 현황을 한 번에 통합 수집하여 볼 수 있는 효율성이 있다.

트래픽(Traffic)

전신, 전화 등의 통신 시설에서 통신의 흐름을 지칭한다. 개개의 호 보류 시간에 관계없이 발생한 호의 수를 호수라고 한다. 호 수와 평균 보류 시간의 곱을 트래픽량, 단위 시간당 트래픽량을 호량 또는 트래픽 밀도라 한다. 트래픽량의 단위를 얼랑(erl)이라 한다. 1얼랑은 1회선이 전송할 수 있는 최대 호량, 즉 단위 시간 내에 1회선이 쉴 새 없이 점유될 때의 트래픽 량이다. 또 1/36얼랑을 100초호(秒呼)라 한다.

트로이 목마(Trojan Horse)

다른 사람에게서 빌린 프로그램이 트로이 목마와 같은 역할을 하여 빌린 사람이 파일을 훔치거나 변경함으로써 프로그램에 결함을 가져오는 것이다. 운영 체계에 대한 일반적인 침투 유형의 하나로, 계속적인 불법 침투가 가능하도록 시스템 내에 부호를 만들어 놓음으로써 영구적으로 시스템 내에 상주할 수도 있고, 소기의 목적을 달성한 후에 그 자취를 모두 지울 수도 있다.

ㅍ

패킷(Packet)

데이터 전송에서 사용되는 데이터의 묶음이다. 패킷 전송은 두 지점 사이에 데이터를 연속적으로 전송하지 않고, 전송할 데이터를 적당한 크기로 나누어 패킷의 형태로 구성한 다음 패킷들을 하나씩 보내는 방법을 쓴다. 각각의 패킷은 일정한 크기의 데이터뿐만 아니라 데이터 수신처, 주소 또는 제어 부호 등의 제어 정보까지 담고 있다. 보통 한 패킷은 1,024비트 데이터를 담을 수 있다.

패킷 필터링(Packet Filtering)

특정 송신원 주소나 발신원 주소 등을 가진 패킷의 통과를 제한하는 것이다. 라우터나 브리지 또는 침입 차단 시스템(Firewall) 등에서 사용하는 기술이다. 송신자/수신자의 IP 주소나 TCP/UDP(User Datagram Protocol) 포트 번호를 근거로 패킷 필터링하는데 고속으로 필터링되지만 안전성은 비교적 취약한 편이다.

피싱(Phishing)

'개인정보(Private Data)를 낚는다(Fishing)'라는 의미의 합성어로, 유명기관을 사칭하여 개인정보나 금융정보를 수집한 뒤 이를 악용하여 금전적 이익을 노리는 일종의 사기수법이다.

해킹(Hacking)

정보시스템을 파괴·마비시키거나 정상적인 운용을 방해하는 행위, 정보시스템에 침투하여 정보를 위조·변조·파괴하거나 유출하는 등의 모든 행위를 말한다.

홈페이지 변조

해커가 홈페이지를 해킹하여 내용을 변경하거나 2차 해킹을 위해 악성코드 등의 프로그램을 설치하는 행위이다.

ACL(Access Control List, 접근통제목록)

개개의 사용자들이 디렉터리나 파일과 같은 특정 시스템 객체에 접근할 수 있는 권한을 정의한 목록이다.

APT(Advanced Persistent Threat)

지능형지속위협 공격이라고 하며, 특정 타깃을 지능적이고 지속적으로 공격하는 기법이다. ARP(Address Resolution Protocol) 스푸핑 LAN 카드 고유주소 식별정보를 가로채고 변조하여 해킹을 유발하는 기법이다.

B

BASE64
64진수 변환을 통해 바이너리 데이터를 아스키 문자열로 변환하는 인코딩시킨다.

C

C&C 서버(Command & Control Sever, 공격 명령 서버)
좀비 PC를 조정하는 서버이다. 해커는 다른 사람의 PC를 악성 코드로 감염한 뒤 C&C 서버를 통해 각종 명령을 내린다.

CC(Cache Control) 공격
캐시 제어(Cache Control)는 웹페이지의 캐싱을 위해 정의되는 값으로 보통 서버가 클라이언트에게 페이지를 제공할 때 캐싱을 요청하기 위해 사용된다. 클라이언트가 서버에게 페이지를 요청할 때는 통상적으로 사용되지 않는 값으로, RFC 표준에서는 클라이언트와 서버측 모두 사용되어 있도록 정의되어 있다. 이에 따라 공격자가 HTTP User-Agent 헤더의 Cache-Control 값을 비정상적으로 조작하여 공격대상 서버에게 웹페이지를 요청하면 캐싱을 요청하지 않았기 때문에 공격 대상 서버는 비정상적으로 동작하게 되어 서비스를 정상적으로 제공할 수 없게 되는 DDoS 공격 유형이다.

CC(Common Criteria)
CCRA 회원국간 정보보호시스템 평가결과의 상호인정을 위한 ISO 국제표준이다.

CERT(Computer Emergency Response Team)
정보통신망 및 정보시스템에 대한 침해사고 예방 및 대응을 위해 조직된 기관 내 또는 기업 내 비상대응팀을 뜻한다.

CPO(Chief Privacy Officer, 최고 개인정보보호 책임자)
기업에서 고객의 개인정보를 사이버범죄로부터 보호하고 관리하는 운영정책을 맡고 있는 최고 임원이다.

CSO(Chief Security Officer, 최고 정보보안 책임자)

기업에서 내부 정보 보안을 위한 대책을 책임지고 기술적 대책과 법률적 대응까지 총괄책임을 지는 최고 임원이다.

DDoS(Distributed Denial of Service, 분산서비스거부) 공격

동시에 대량의 유해 트래픽을 공격대상 시스템에 전송하여 해당 시스템의 정상적인 서비스를 방해하는 사이버 공격의 일종이다.

DDOS 대응장비

위와 같은 공격을 전문적으로 방어하기 위해서 만든 방화벽이다. IPS 및 TMS도 DDOS 공격에 대응할 수 있지만 고도화된 DDOS 공격을 효율적으로 방어하기 위하여 생겨난 장비이다.

DLL(Dynamic Linking Library)

OS/2, 윈도즈 등의 운영 체계(OS) 본래 기능으로 소프트웨어의 루틴을 몇 개의 파일로 나누어 디스크에 두고 필요한 것만 실행 메모리에 실어서 사용하기 위한 파일이다. DLL로 사용되는 파일은 확장자가 'dll'이기 때문에 'DLL 파일'이라고 부른다. DLL의 장점은 루틴을 공통으로 사용하는 것이다. 루틴의 함수 집단을 자료집(Library)이라 하는데, 보통 실행 파일을 작성할 때 자료집을 포함해서 컴파일하는 경우가 많다. 그러나 이 방법은 동일 루틴을 다수의 실행 파일이 갖는 것으로 되어 비효율적이다. DLL은 다수의 실행 파일에 공유될 수 있기 때문에 디스크 용량이나 메모리를 절약할 수 있다. 또 프로그램을 수정하려는 경우, DLL 파일만 수정함으로써 완료되는 경우도 있다. 윈도우 등에서는 OS 기능은 물론 DLL을 애플리케이션과 공유할 수도 있으며, DLL 파일 등의 애플리케이션이 공유되고 있는 것은 이용자 수준에서 판단하기 어렵다.

DNS(Domain Name System, 도메인 네임 시스템)

숫자체계의 IP 주소를 한글주소로 변환해 주는 시스템으로 TCP/IP 애플리케이션에서, 'chollian.dacom.co.kr'와 같은 주 컴퓨터의 도메인 네임(domain name)을 '164.124.101.2'와 같은 IP(Internet Protocol) 주소로 변환하고 라우팅 정보를 제공하는 분산형 데이터베이스 시스템. TCP/IP 네트워크에서는 호스트 컴퓨터를 식별하기 위해 도메인(영역이라는 의미)이라는 논리적 집단 또는 단위를 계층적으로 설정, 이 논리적 집단 또는 단위의 이름을 호스트 이름의 일부로 조합해서 사용하는 방법이 채용되고 있다. 도메인은 호스트 소속 기관의 종류와 소속 국가(지역)를 나타내는 도메인과 도메인 내의 세부 구분을 나타내는 부속 도메인(Subdomain)으로 구성된다.

주 컴퓨터의 이름, 소속 기관, 소속 기관의 종류를 나타내는 도메인, 소속 국가를 나타내는 도메인 등 보통 4개의 단어를 마침표(.)로 구분하여 표현한 것이 각 호스트 고유의 이름이며 이것을 도메인 네임이라고 한다. 도메인 네임은 호스트의 인터넷 주소(Internet Address)라고도 한다. 도메인 네임은 인터넷상의 각종 서비스에 사용된다. 그런데 PC로 인터넷에 접속을 설정할 때 호스트의 도메인 네임에 대응하는 고유의 숫자 주소인 IP 주소가 필요한 경우가 있다. 통신하고자 하는 상대 호스트의 IP 주소를 모를 때 도메인 네임 시스템 (DNS)에 조회하면 DNS는 그 호스트의 도메인 네임을 IP 주소로 바꾸어 알려주는 역할을 한다.

DNS 싱크홀
국내 ISP와의 협력을 통해 악성봇 감염 PC의 명령/제어 서버로의 접속을 차단한다.

E

e-mail(electronic mail, 전자우편)
컴퓨터 통신망을 통해서 메시지를 전송하는 것, 또는 전송된 메시지이다. 통신망을 통해서 전송된 메시지를 수신인의 우편함에 보관하여 수신인이 수시로 꺼내 볼 수 있게 하는 것이다. PC나 워크스테이션 등의 단말 상에서 작성된 메시지를 사용자의 요구에 의해 통신망을 통해서 전송하고 전송된 메시지를 수신인의 우편함에 보관한다. 최근에는 인터넷을 통해서 전자 우편을 교환할 수 있게 되었으며 인터넷에서 가장 많이 이용되는 서비스가 전자 우편이다. 전자 우편으로 문자뿐만 아니라 도형이나 음성 메시지도 교환할 수 있고, 개별적인 수신인뿐만 아니라 다수의 수신인이나 집단에 하나의 메시지를 일제히 동보 통신 방식으로 보낼 수도 있다.

전자 우편 메시지는 각 사용자의 우편함에 축적되므로 수신인은 자기가 편리한 때에 프린터로 출력하거나 삭제할 수도 있다. 전자 우편 프로그램의 능력에 따라서 사용자는 수신된 우편을 다른 주소로 전송(Forward)할 수도 있고 발신된 우편의 전달 확인 회신을 요구할 수도 있다. 또 사용자가 다른 작업을 수행하고 있는 동안에 우편이 도착하면 컴퓨터 화면에 경고 메시지를 표시하여 알림으로써 그 우편을 즉시 볼 것인지 후에 볼 것인지 선택할 수도 있다.

ESM(Enterprise Security Management)
방화벽, 침입 탐지 시스템, 가상 사설망 등의 보안 솔루션을 하나로 모은 통합 보안 관리 시스템이다. 최근 기업 보안 관리(ESM)는 통합 관리 수준에서 벗어나 시스템 자원 관리(SMS), 망 관리시스템(NMS) 등 기업 자원 관리 시스템까지 확대, 개발되고 있다. ESM은 기업들이 서로 다른 기종의 보안 솔루션 설치에 따른 중복 투자, 자원 낭비를 줄일 수 있으며, 솔루션 간 상호 연동을 통해 전체 정보 통신 시스템에 대한 보안 정책을 수립할 수 있다는 장점이 있다.

FIRST(Forum of Incident Response and Security Teams)
각 국의 정부, 교육기관, 상업에서 활동하고 있는 침해 사고 대응 팀들로 조직된 국제 협의체로, 매년 정기 운영회의, 연례 컨퍼런스, 기술 세미나 등을 통해 침해대응 정보교류 및 협력활동을 수행한다.

Flooding
시스템 장애나 정상적인 접근 거부 등 중요 자원을 공격하는 각종 서비스 거부 공격 기법이다.

FTP(File Transfer Protocol, 파일 전송 규약)
파일 전송 프로토콜은 TCP/IP 프로토콜로 서버와 클라이언트 사이의 파일 전송을 하기 위한 프로토콜이다. 파일 전송 프로토콜은 TCP/IP 프로토콜 테이블의 응용 계층에 속하며, 역사는 오래 되었지만 지금도 인터넷에서 자주 사용된다.

IDC(Internet Data Center, 인터넷 데이터 센터)
전자 상거래를 행하는 기업으로부터 서버를 맡아서 그 기업의 인터넷 사업을 운용/대행하는 시설이다. IDC의 조건으로는 연중무휴, 24시간 가동되는 인터넷 접속 환경의 보증, 서버의 설치/관리, 기간 망에 접속, 보안 대책 및 기타 인터넷 서버의 유지 관리 서비스를 종합적으로 제공할 수 있어야 한다. 전자 상거래의 급증에 따른 정보화 투자 삭감 때문에 예산 절약을 위해서 아웃소싱 방법이 성행하고 있으며, 또한 IDC의 대부분은 대용량의 기간 망과 서버 설치를 위한 대규모 시설을 보유하고 있다.

IP(Internet Protocol, 인터넷 프로토콜)

OSI 기본 참조 모델을 기준으로 하면 제3계층(네트워크 계층)에 해당되는 프로토콜이다. TCP/IP의 일부로 사용된다. IP 주소에 따라 다른 네트워크 간 패킷의 전송, 즉 경로 제어를 위한 규약으로 다른 네트워크 간의 데이터 전송을 가능하게 하는 것이 이 프로토콜의 특징이다. 그러나 패킷이 발신된 순서대로 도착하는 것은 보증하지 않는다. 전송 제어 프로토콜(TCP) 또는 사용자 데이터그램 프로토콜(UDP)과 함께 사용한다.

IPv6(Internet Protocol version 6)

기존 32비트인 IPv4 주소체계를 확장하여 128비트의 주소체계를 이용하는 인터넷 프로토콜이다. 기존 인터넷의 주소 고갈 문제를 해결하고, 성능향상과 보안 및 서비스 품질 등을 개선하고자 한다. 40억개(IPv4) → 40억 × 40억 × 40억 × 40억개 ISP(Internet Service Provider, 인터넷 서비스 제공자)일반 사용자나 기업체, 기관, 단체 등이 인터넷에 접속하여 인터넷을 이용할 수 있도록 해 주는 사업자이다. 1994년 6월 한국 통신이 일반인을 대상으로 하는 인터넷 상용 서비스를 시작한 이래 매년 인터넷 이용자가 급증하여 현재는 데이콤, 한국 PC 통신, 아이네트 기술 등 많은 수의 ISP가 인터넷 서비스를 제공하고 있다.
인터넷 서비스 제공자(ISP)는 보유 가입자나 콘텐츠 규모 및 라우팅 정보 수준에 따라 두 가지 유형으로 구분된다. 첫째는 ISP들 간의 상호 접속을 매개하여 인터넷의 보편적 연결을 가능하게 하는 인터넷 백본 제공자(IBP)로서 Core ISP, Tier-1 ISP, Backbone ISP, Transit Service Provider 등을 지칭하기도 한다. 둘째는 개인, 기업, CP 등 최종이용자를 모집하고, Core ISP를 통해 인터넷 접속을 제공하는 None-core ISP로서, Tier-2 ISP, Downstream ISP 로 지칭하기도 한다. ISP는 IBP와 None-core ISP의 겸업이 가능하다.

M

MBR(Master Boot Record, 마스터 부트 레코드)

하드디스크의 맨 앞에 기록되어 있는 시스템 기동용 영역을 뜻한다. PC에 전원을 인가하면 첫 번째 하드 디스크의 MBR에 기록되어 있는 프로그램이 읽힌다. 이렇게 읽힌 MBR의 프로그램은 분할표(Partition Table)의 정보를 기점으로 기동하는 분할(Partition)의 부트 섹터(Boot Sector : 분할의 맨 앞에 있는 OS 기동 프로그램이 기록된 부분)를 읽어서 이 섹터의 프로그램에 의해서 OS가 기동된다. 따라서 MBR의 정보가 파괴되면 PC는 기동 불능이 된다.

N

nslookup

인터넷 서버 관리자나 사용자가 호스트 이름을 입력하면 그 IP 주소를 알려주는 프로그램이다. 반대의 경우에도 가능하다. 리눅스와 다른 nslookup 버전에서는 호스트 이름이나 IP 주소와 연관된 다른 정보를 알아낼 수 있다. nslookup은 흔히 유닉스 기반 OS에 포함되고 윈도즈 OS에도 추가될 수 있다. IP 주소를 알아내는 nslookup 대체 기능으로 핑(Ping) 명령어가 있다.

O

OSI 7 Layer(Open system Interconnection 7 layer)

국제 표준화 기구(ISO)가 1977년에 정의한 국제 통신 표준 규약이다. 통신의 접속에서부터 완료하기까지의 과정을 7단계로 구분, 정의한 통신 규약으로 현재 다른 모든 통신 규약의 지침이 되고 있다. 이 7계층의 통신 규약군에 대해 각 계층별로 설명, 정의한 것이 OSI 기본 참조 모델이다.

1계층(물리 계층, Physical Layer) : 네트워크의 기본 네트워크 하드웨어 전송 계층.
2계층(데이터 링크 계층, Data Link Layer) : 포인트 투 포인트(Point to Point) 간 신뢰성 있는 전송을 보장하기 위한 계층으로 CRC 기반의 오류 제어와 흐름 제어.
3계층(네트워크 계층, Network Layer) : 여러 개의 노드를 거칠 때마다 경로를 찾아주는 역할을 하는 계층으로 다양한 길이의 데이터를 네트워크들을 통해 전달하고, 그 과정에서 전송 계층이 요구하는 서비스 품질(QoS)을 제공하기 위한 기능적, 절차적 수단을 제공.
4계층(전송 계층, Transport Layer) : 양 끝단(End to End)의 사용자들이 신뢰성 있는 데이터를 주고 받는 역할을 수행. 시퀀스 넘버 기반의 오류 제어 방식을 사용.
5계층(세션 계층, Session Layer) : 양 끝단의 응용 프로세스가 통신을 관리하기 위한 방법을 제공.
6계층(표현 계층, Presentation Layer) : 코드 간의 번역을 담당하여 사용자 시스템에서 데이터의 형식상 차이를 다루는 부담을 응용 계층으로부터 덜어 준다. MIME 인코딩이나 암호화 등의 동작이 이 계층에서 이루어진다.
7계층(응용 계층, Application Layer) : 응용 프로세스와 직접 관계하여 일반적인 응용 서비스를 수행한다.

P

P2P(Peer to Peer)

인터넷에서 개인과 개인이 직접 연결되어 파일을 공유하는 방식이다.

PHP(Hypertext Preprocessor)

하이퍼텍스트 생성 언어(HTML)에 포함되어 동작하는 스크립트 언어이다. 별도의 실행 파일을 만들 필요 없이 HTML 문서 안에 직접 포함시켜 사용하며, C, Java, Perl 언어 등에서 많은 문장 형식을 준용하고, 각종 데이터베이스를 제어하는 함수와 웹 개발에 필요한 많은 함수를 제공하므로 동적인 웹 문서를 빠르고 쉽게 작성할 수 있다. 스크립트에 따라 내용이 다양해서 동적 HTML 처리 속도가 빠르며, PHP 스크립트가 포함된 HTML 페이지에는 PHP 개발 버전에 따라 .php, .php3, .php4, .phtml 등의 확장자를 붙였으나 최근에는 .php 하나로 통일되고 있다. PHP는 유닉스나 리눅스, 윈도 등 대부분의 운영체제에서 동작한다.
1994년 라스머스 러도프(Rasmus Lerdorf)가 처음 고안했을 때는 이름을 'Personal Home Page Tools'이라 불렸으며, 오픈 소스 프로젝트에 의해 개발되므로 누구든지 소스를 받아 수정하고 재배포할 수 있다.

R

RADIUS(Remote Authentication Dial In User Service)

원격지 이용자의 접속 요구 시 이용자 ID나 패스워드, IP 주소 등의 정보를 인증(認證) 서버에 보내어 이용자의 식별과 인증을 실행하는 것이다. 사원의 자택이나 외출 시 공중 회선 또는 인터넷을 거쳐 서버에 원격 접속하는 기회가 증가하고 있기 때문에 이용자 인증 시스템 역시 결함이 없어야 한다. 접속할 때쯤 암호를 변경해도 정당한 이용자만을 인증하기 때문에 암호를 도난당한 경우에도 부정 사용을 방지할 수 있다. 암호의 생성 방법이 다르므로 여러 가지 형태의 제품이 있다. 일정 시간마다 암호 생성기와 인증 서버가 동기되어 암호를 바꾸는 시간 동기 방식이나 서버가 생성한 난수(亂數)를 암호화해서 암호에 중첩하는 도전-응답 방식 등이 있다. 암호 생성기는 휴대 시 편리한 ID 카드 형식과 개인용 컴퓨터(PC)에 설치할 수 있는 소프트웨어 형식 등이 있는데, 외출지에서의 접속은 물론 사내 이용자의 인증을 행하도록 되어 있다.

S

SCADA(Supervisory Control And Data Acquisition, 중앙 제어 시스템)

원격지에 설치된 단말에서 데이터를 수집하고 중앙 감시 센터에 전송하여 현장 상황을 온라인으로 감시 제어하는 시스템. 발전, 송배전 시설, 석유 화학 플랜트, 제철 공정 시설, 공장 자동화 시설 같은 여러 종류의 원격지 시설 장치를 중앙 집중식으로 감시 제어하는 시스템이다.

SQL Injection 취약점

입력문에 SQL문에 대한 필터링이 없을 경우 해커가 SQL문으로 해석될 수 있는 입력을 시도하여 데이터베이스에 접근할 수 있는 보호 취약점이다. 웹브라우저 주소(URL) 창 또는 사용자 ID 및 패스워드 입력화면 등에서 데이터베이스 SQL 문에 사용되는 문자기호(' 및 ")의 입력을 적절히 필터링하지 않은 경우에 해커가 SQL 문으로 해석될 수 있도록 조작한 입력으로 데이터베이스를 인증절차 없이 접근, 자료를 무단 유출하거나 변조할 수 있다(예 : 관리자 아이디와 패스워드에 아래 문자열을 입력했을 때 로그인되면 취약점이 존재한다. 아이디는 'or 1=1 ; --, 패스워드는 'or 1=1 ; --)이다.

T

TCP(Transmission Control Protocol, 전송 제어 프로토콜)

OSI 기본 참조 모델을 기준으로 제4계층(전송 계층)에 해당되는 프로토콜이다. 인터넷 프로토콜(IP)과 함께 TCP/IP를 구성하고 있다. 패킷의 도착 순서대로 배열이나 오류 수정 등이 행해지므로 전송 제어 프로토콜(TCP) 보다 상위층에서 보았을 때는 2대의 컴퓨터가 신뢰성이 높은 전용선으로 연결된 것 같이 보인다.

TCP/IP(Transmission Control Protocol/Internet Protocol)

컴퓨터 간의 통신을 위해 미국 국방부에서 개발한 통신 프로토콜로, TCP와 IP를 조합한 것이다. TCP/IP는 현재 인터넷에서 사용되는 통신 프로토콜로 통신 프로토콜이 통일됨에 따라 세계 어느 지역의 어떤 기종과도 정보 교환이 가능하게 되었다. RFC(Request for Comments) 행태로 공개되고 있고 유닉스에서는 표준 프로토콜로 실장되어 있으며 거의 모든 운영 체계에서 구현되고 있으므로 널리 보급되어 있다. OSI 기본 참조 모델을 기준으로 하면 제3계층과 제4계층에 해당한다. 인터넷에서 경로 제어를 하며 종단 간(End to End) 신뢰성이 높은 통신을 실현하고 있다. TCP와 IP의 2가지 통신 규약만을 가리키는 것이 아니라 관련되는 모든 프로토콜을 총칭하는 경우가 많다.

TELNET

인터넷이나 로컬 영역 네트워크 연결에 쓰이는 네트워크 프로토콜이다. RFC15를 시작으로 1969년에 개발되었으며 최초의 인터넷 표준 중 하나로, IETF STD 8로 표준화되었다. Telnet은 프로토콜의 클라이언트 일부 기능이 추가된 소프트웨어를 일컫는다. 텔넷 클라이언트는 대부분의 유닉스 시스템에서 여러 해 동안 사용할 수 있으며, 실질상 모든 플랫폼에서 사용할 수 있다. TCP/IP 스택을 갖춘 대부분의 네트워크 장비와 운영 체제들은 원격 구성(윈도 NT 기반)을 위해 몇 가지 종류의 텔넷 서비스 서버를 지원한다. 텔넷의 보안 문제 때문에 사용률이 감소하여, 원격 제어를 위해 SSH로 대체되기도 하였다.

Traceroute

Traceroute 혹은 Tracert는 인터넷을 통해 거친 경로를 표시하고 그 구간의 정보를 기록하고 인터넷 프로토콜 네트워크를 통해 패킷의 전송 지연을 측정하기 위한 컴퓨터 네트워크 진단 유틸리티이다.

UDP(User Datagram Protocol)

인터넷의 표준 프로토콜 집합인 TCP/IP의 기반이 되는 프로토콜의 하나이다. TCP/IP에서는 망 계층(OSI의 제3계층에 해당) 프로토콜인 IP와 전송 계층(OSI의 제4계층에 해당) 프로토콜인 전송 제어 프로토콜(TCP) 또는 사용자 데이터그램 프로토콜(UDP)의 어느 하나를 조합하여 데이터를 주고받는다. TCP에서는 세션(접속)을 설정한 후에 통신을 개시하지만, UDP에서는 세션을 설정하지 않고 데이터를 상대의 주소로 송출한다. UDP의 특징은 프로토콜 처리가 고속이라는 점이다. 그러나 TCP와 같이 오류 정정이나 재송신 기능은 없다. 신뢰성보다도 고속성이 요구되는 멀티미디어 응용 등에서 일부 사용된다.

UDP 스캐닝(User Datagram Protocol scanning)

사용자 데이터그램 프로토콜(UDP)을 사용하는 열린 포트를 찾기 위한 스캐닝이다. 대상 포트로 UDP 패킷을 전송하고 대상 포트로부터 'ICMP Port Unreachable' 메시지를 받으면 닫힌 (Close) 상태이며 메시지가 오지 않으면 열린(Open) 상태이다. 닫힌 상태는 명확하게 포트가 닫혀 있다는 것을 알 수 있지만 열린 상태는 UDP 프로토콜 특성(비연결형)상 네트워크의 상태나 라우터, 스위치 등에 의해 차단되어 응답이 없을 수 있기 때문에 정확도가 떨어진다.

URL(Uniform Resource Locator)

인터넷에서 파일, 뉴스그룹과 같은 각종 자원을 표시하기 위한 표준화된 논리 주소이다. 사용할 프로토콜(http, ftp 등), 주 컴퓨터의 이름과 주소, 파일이 있는 디렉터리 위치, 파일 이름으로 구성된다. http://www.snu.ac.kr/index.html, 또는 ftp://ftp.tb.ac.kr/pub/public.zip로 표시한다. 여기에서 http와 ftp는 접속할 때 사용할 프로토콜, 뒷부분은 해당 자료가 위치한 컴퓨터의 주소와 디렉터리를 나타낸다. 즉 ftp.tb.ac.kr/pub/public.zip은 컴퓨터의 주소와 디렉터리를 나타낸다. ftp.tb.ac.kr은 컴퓨터의 인터넷 주소가 되고, /pub/public.zip은 파일이 위치한 경로가 된다.

VirusTotal

무료로 파일 검사를 제공하는 웹사이트이다. 최대 43가지의 각기 다른 바이러스 검사 소프트웨어 제품을 사용하며 검사할 파일은 웹사이트나 전자 메일을 거쳐 올릴 수 있다. 이 웹사이트에 쓰이는 다양한 제품을 통해 사용자가 소유하고 있는 바이러스 검사 소프트웨어가 잡아내지 못하였거나 오진을 하는 바이러스 또한 진단할 수 있다. 이 사이트의 단점으로는 제출한 파일만 검사할 수 있다는 것으로, 사용자 컴퓨터의 전반적인 시스템 검사를 수행할 수 없다. 또, 전자 메일을 통하여서나 직접 이 사이트에 올릴 수 있 있는 파일 크기가 최대 128 MB라는 점도 또 다른 제한이다.

Zombie PC

해커의 원격 조종하여 스팸을 발송하거나 DoS나 DDoS 공격을 수행하도록 설정된 컴퓨터나 서버를 뜻한다. 봇(Bot)이라 불리는 해킹 프로그램에 감염된 컴퓨터는 다른 사람에 의해 원격 조종된다. 봇은 주로 채팅룸과 파일 공유 프로그램을 통해 PC를 감염시키는데, 봇에 감염된 PC는 직접적인 피해 증상이 나타나지 않아 사용자가 눈치 채지 못하는 사이 스팸 메일 및 불법 프로그램을 유포하고, 정보를 유출하는 행위에 이용된다.